C.H.BECK WISSEN

«... Die weißen Mauern und die schimmernden Säulen, welche die anmutige Küste geschmückt hatten, waren verschwunden. Öde und einsam lagen die Ufer da, auf denen noch gestern die Städte Herculaneum und Pompeji sich erhoben.» Mit diesen Worten beschreibt Edward Bulwer-Lytton in seinem unsterblichen Roman *Die letzten Tage von Pompeji* (Übers. v. O. v. Czarnowski) das Ende der blühenden Städte am Golf von Neapel. Beim Ausbruch des Vesuv 79 n. Chr. verschüttet, seit 1748 sukzessive ausgegraben, ist Pompeji heute die größte zusammenhängende Stadtruine der Welt. 1997 wurde sie in die Liste des UNESCO-Weltkulturerbes aufgenommen. Am Beginn des 21. Jahrhunderts ist Pompeji jedoch vom Verfall bedroht. Auf den nackten Wänden der Häuser sind die Fresken längst verblichen. Ohne kundige Führung lassen sie vom Alltag und den Gewohnheiten ihrer einstigen Bewohner kaum etwas erahnen.

Jens-Arne Dickmann, der seit 1997 für das Deutsche Archäologische Institut in Pompeji tätig ist, begleitet in diesem Buch seine Leser durch die Straßen der Stadt, in die Geschäfte, in die Wohnungen der Armen, die einst belebten Hinterhöfe und die luxuriösen Villen der Reichen. Er besichtigt mit ihnen antike Heiligtümer, beschreibt das öffentliche Leben und erzählt von der antiken Badekultur, von Sport, Theater- und sonstigen Vergnügungen. Unter seiner sachkundigen Führung wird das antike Pompeji für den Besucher wieder lebendig.

Jens-Arne Dickmann war 1997–2003 Leiter des im Auftrag des Deutschen Archäologischen Institutes Rom in Pompeji durchgeführten Ausgrabungs-, Dokumentations- und Konservierungsprojektes in der Casa dei Postumii. Er lehrt am Institut für Archäologische Wissenschaften der Universität Freiburg.

Jens-Arne Dickmann

POMPEJI

Archäologie und Geschichte

Verlag C.H.Beck

Mit 20 Abbildungen

1. Auflage. 2005
2., durchgesehene und aktualisierte Auflage. 2010

3., neu bearbeitete und aktualisierte Auflage. 2017

Originalausgabe

Satz: Kösel, Krugzell
Druck und Bindung: Druckerei C.H.Beck, Nördlingen
Umschlagentwurf: Uwe Göbel, München
Umschlagabbildung: Pompejanisches Mosaik mit dem Haupt der Medusa aus dem Haus der Jahrhundertfeier (IX 8,3,6; © Soprintendenza Archeologica di Napoli e Caserta, Inv. 112284)
Printed in Germany
ISBN 978 3 406 70267 9

www.chbeck.de

Inhalt

Zur Forschungsgeschichte

Vorstellungen von einer Ruine

Die Erwartungen heutiger Besucher an die vom Vesuv verschüttete Stadt sind hoch. Eine Vielzahl von aufwendig gestalteten Bildbänden, Zeitungs- und Fernsehbeiträgen konserviert das überholte Bild der angeblich im Schockzustand der Katastrophe eingefrorenen Städte Pompeji und Herculaneum. Dem stehen kaum weniger verzerrende Feuilletonartikel gegenüber, in denen der örtlichen Denkmalpflege angesichts einstürzender Wände Tatenlosigkeit und Pflichtvergessenheit unterstellt wird. Hunderte von Fotos und Kommentare von Reisenden im Internet bemängeln die weiträumig abgesperrten Areale und die nicht zugänglichen Häuser mit bunten Wanddekoren und Mosaiken. Mauern aber fallen in Pompeji seit 250 Jahren um, und der Verlust archäologischer Substanz und Primärbefunde wird auch in Zukunft trotz größter Anstrengungen nicht zu vermeiden sein. Dabei ist gar nicht zu übersehen, dass schon seit Jahren mit Hochdruck konservatorisch und restauratorisch gearbeitet wird – nur deshalb sind viele Straßen und Gebäude längerfristig bzw. immer wieder gesperrt. Dennoch ist auch richtig: Die Denkmalpflege der Vesuvstädte muss weiter professionalisiert werden und ist langfristig nur mit internationaler Unterstützung zu gewährleisten.

Die hohen Erwartungen seitens der Besucher, hier werde man der Katastrophe vom 24./25. Oktober 79 n. Chr. nahe kommen können, müssen also zwangsläufig enttäuscht werden. Und das wird auch in Zukunft so sein, da die Pflege der Ruine ständige Herausforderung bleiben wird. Das Unverständnis für die eingeschränkte Zugänglichkeit verkennt Ausmaß, Schwierigkeit und Kosten der Maßnahmen und die Tatsache, dass die Vesuvstädte nicht nur touristische Sehenswürdigkeit, sondern auch archäologische Forschungsstätte sind und bleiben müssen.

Was aber zieht die ungeheure Zahl von jährlich nun drei Millionen Besuchern (2015) nach Pompeji? Noch immer gilt die allgemeine Neugier den ‹Leichen›, wie die mit Gips ausgegossenen Hohlräume in der Vesuvasche landläufig bezeichnet werden, sowie dem Amphitheater und dem Bordell. Ergriffenheit und persönliche Empfindung wollen aber nicht recht aufkommen angesichts einer aufgeräumten Ruine. Spuren menschlicher Existenz und Tätigkeit sind kaum mehr zu entdecken. Stattdessen erinnern die sich mit ihren Headsets etwas desorientiert bewegenden Touristengruppen an einen Jahrmarkt: die größte Herausforderung besteht im Zusammenbleiben der Gruppe. Ist man alleine oder familiär unterwegs und diesem Trubel in eine der Seitengassen entkommen, lassen die nackten Wände der Häuser, auf denen die Fresken und Aufschriften längst verblichen sind, auch dort kaum mehr etwas vom Alltag und den Gewohnheiten ihrer einstigen Bewohner erahnen.

Ernüchterung stellt sich ein, eine Erfahrung, die Besucher Pompejis ähnlich schon vor Jahrzehnten machten. Walter Benjamin etwa konnte sich auch nach wiederholtem Besuch der Stadt in den späten 20er Jahren nicht für die Ruine begeistern, da es ihm nicht gelingen wollte, sie sich als lebendige, bewohnte Stadt zu denken. Er zog es deshalb vor, sich in den belebten Gassen der Altstadt von Neapel aufzuhalten und über Märkte und durch Hinterhöfe zu flanieren.

Gut 250 Jahre nach Aufnahme der ersten Grabungen im Jahre 1748 haben sich sowohl die Bedingungen als auch die Perspektiven, unter denen Pompeji erforscht wird, grundlegend geändert. Insbesondere die frühere Hoffnung, hier den antiken Lebensalltag in versiegelter Form vorfinden und untersuchen zu können, ist der Einsicht gewichen, bei der Interpretation der Befunde vor einer äußerst komplizierten Herausforderung zu stehen. Bis weit in das 19. Jh. hinein schaufelte man frei und entwickelte dabei weder Systematik noch Ausgrabungsmethode. Deshalb fehlen uns heute in den allermeisten Fällen Aufzeichnungen zu Fundumständen und den am selben Ort geborgenen Objekten. Die Katastrophe selbst zog sich über mindestens eineinhalb Tage hin und führte regelmäßig zu nervösen Versuchen, transportable Wertgegenstände für die Flucht zu horten, andere an sicheren Orten zu deponieren. Zudem waren auch vor dem Beben längst nicht alle Bauten intakt. In zahlreichen Häusern, aber auch in öffentlichen Gebäuden, standen noch immer Reparaturarbeiten an, die durch eine Mehrzahl von früheren Erdbeben verursacht worden waren, deren schwerstes uns für das Jahr 62 n. Chr. überliefert ist. Schließlich wurde die verschüttete Stadt, deren größte Gebäude nach der Katastrophe unter den Ascheschichten noch erkennbar gewesen sein müssen, bald danach von ortskundigen Plünderern heimgesucht, die insbesondere in den Häusern der Wohlhabenden nach Wertgegenständen suchten. Angesichts dessen überrascht es nicht, wenn Archäologen die erst ca. 40 Jahre nach dem Ausbruch verfassten ‹Augenzeugenberichte› des Plinius mit Vorsicht genießen. Bei den von Archäologen ergrabenen Kontexten handelt es sich in vielen Fällen also um bereits in der Antike erheblich gestörte Befunde. Deren Aussagekraft wird nicht zuletzt dadurch eingeschränkt, dass vor allem im 18. Jh. der Aushub auf die angrenzenden Areale verteilt wurde. Diese Befunde – zumal bei Freilegungsarbeiten mit mehreren hundert Tagelöhnern – sind auch deshalb problematisch, weil man damals noch keine genauen Angaben zu Fundort und -höhe machte, sondern schlicht die intakten Objekte einsammelte.

Das ausschließliche Interesse des neapolitanischen Königshauses an präsentablen Kunstwerken und Wertgegenständen und die Sorge um deren Einzigartigkeit waren es denn auch, die im Zuge der Ausdehnung der Grabungen im 18. Jh. wiederholt dazu führten, dass bereits durchsuchte Häuser mit dem Abraum des nächsten freizulegenden Gebäudes zugeschüttet wurden. In welchem Maße das exklusive Vorrecht auf eine ‹Schatzsuche› in Pompeji und Herculaneum von Karl III. und Ferdinand IV. beansprucht wurde, zeigen nicht nur das für die vielen Funde eigens errichtete Museum in Portici, sondern auch das Zeichenverbot für Besucher der Ruine. Pompeji war für beide lediglich eine unerschöpfliche Schatztruhe, deren Inhalt es ganz alleine zu heben galt. Statuen, Reliefs und das Mobiliar ließen sie abtransportieren und Bildmotive aus den Fresken herausschnei-

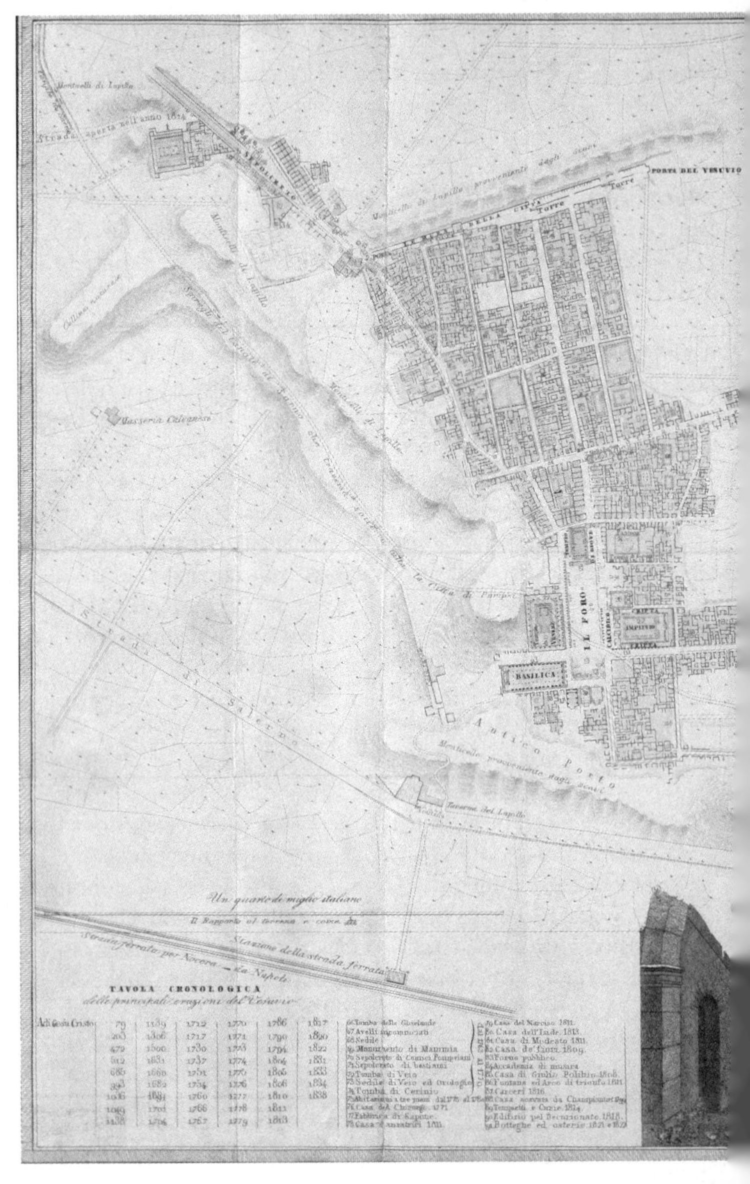

Abb. 1: Pompeji, Stadtplan mit dem Stand der Ausgrabungen des Jahres 1825

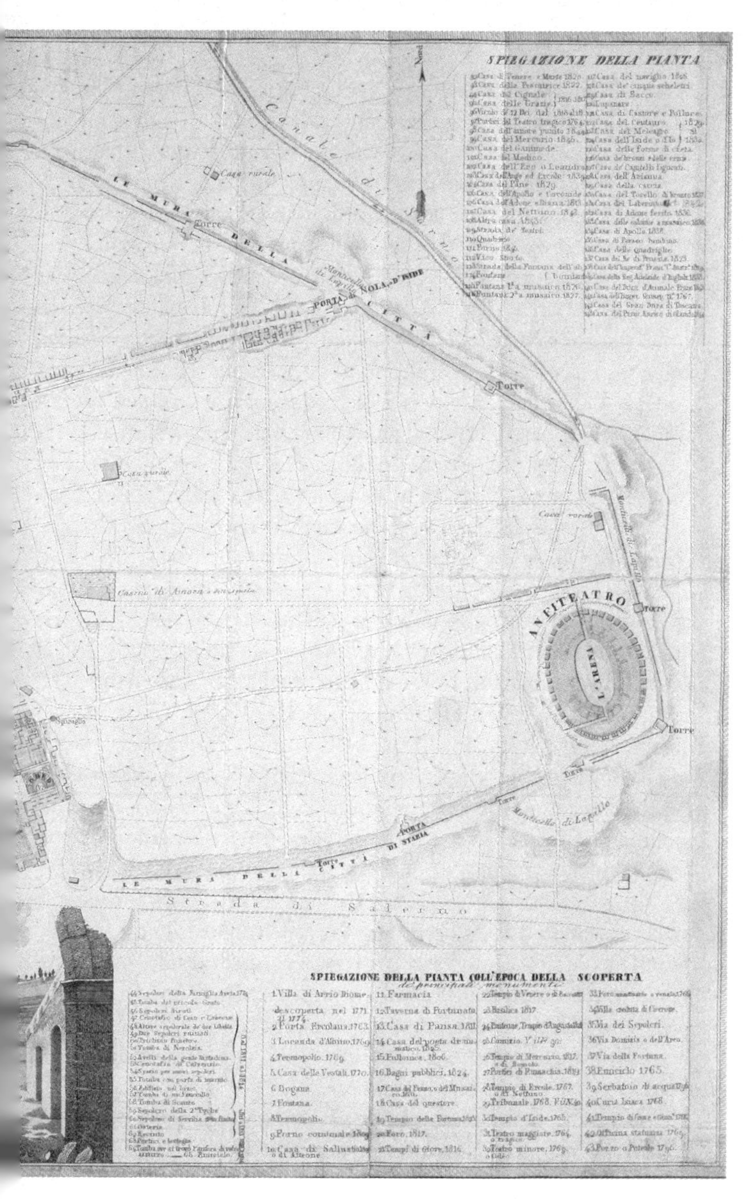

(Kupferstich von 1838, ohne Autor)

den, um sie in einer eigenen Galerie zu präsentieren. Die zurückbleibenden Fresken wurden zerstört, damit nicht andere sich ihrer bemächtigten. Es war nicht zuletzt der öffentliche Protest Johann Joachim Winckelmanns, der den König schließlich zur Aufgabe dieser Praxis nötigte, ihn jedoch nicht daran hinderte, ausgewählte Stücke an europäische Fürstenhäuser zu verschenken. Eine Serie von Prachtbänden des Stichwerks der *Antichità di Ercolano*, die damals nur als Geschenke in Kreisen einer europäischen Elite kursierten, könnten über das Fehlen jeder weiteren Dokumentation hinwegtrösten, würden sie nicht andererseits offenbaren, wie viele Informationen zu den Einzelstücken und ihrer Herkunft uns verloren gegangen sind.

Mit der Identifizierung der Ruine als antikes Pompeji im Jahre 1763 und unter dem Einfluss der Winckelmann'schen Schriften, seiner *Gedancken über die Nachahmung der Griechischen Wercke in der Mahlerey und Bildhauer-Kunst* von 1755, aber auch der Sendschreiben von 1762 und 1764 im Auftrage des römischen Kardinals Albani, scheint sich das gelehrte Interesse an den Ausgrabungen allmählich gewandelt zu haben. Der Besuch der Ruine galt nun mehr und mehr der Auseinandersetzung mit der antiken Hinterlassenschaft als dem Ursprung der eigenen europäischen Kultur. Neben die antiquarische Wertschätzung trat die klassizistische Rezeption der Antike, deren Nachahmung man zur erzieherischen Maxime erhob. Die Vorstellungen, die sich das 18. Jh. von der Antike machte – prächtige Tempel, grandiose öffentliche Bauten, eindrucksvolle Malerei oder wohlproportionierte Ornamentik –, bewahrheiteten sich in den Funden allerdings nur selten. So nimmt es nicht wunder, dass das Interesse an weiteren Ausgrabungen – insbesondere nachdem der Bedarf im königlichen Museum gedeckt war – nachließ und eine städtebauliche Perspektive, etwa in dem Bemühen um die Freilegung eines zusammenhängenden Stadtbereichs, nicht verfolgt wurde.

Dies änderte sich erst mit der Besetzung Neapels durch die Franzosen im Jahre 1799. Ehrgeizige Pläne zielten zunächst vor allem darauf, die noch in Privatbesitz befindlichen Ländereien, die über den Ruinen lagen, zu enteignen. Im Anschluss daran plante man nicht nur, die bislang vor allem im Norden und Süden freigelegten Areale miteinander zu verbinden, sondern darüber hinaus auch die Stadtmauer auszugraben und so einen Rundgang durch die Stadt zu ermöglichen. Diese umfassenden Vorhaben erwiesen sich letztlich als zu anspruchsvoll. Doch immerhin konnte man im Jahr des französischen Abzuges 1815 vom nordwestlichen Herculaner Stadttor über das Forum und Teile der einen von Westen nach Osten verlaufenden Hauptstraße (Via dell'Abbondanza) bis zum Bereich der Theater im Süden gelangen. Auf diese Weise ließ sich erstmals ein Eindruck von der Ausdehnung einer antiken Kleinstadt und ihrem Erscheinungsbild gewinnen (Abb. 1).

Die nun folgenden Jahre erneuter Bourbonenherrschaft waren geprägt von Geldmangel; die Arbeiten schritten nur langsam voran. Dennoch fallen bedeutende Funde in diese Zeit, so etwa die Häuser des Tragischen Dichters, des Fauns, des Meleager oder jenes der Dioskuren. Letzteres diente Ludwig I. von Bayern als Vorlage für sein Pompeianum in Aschaffenburg, das erstgenannte wurde zum Wohnhaus des Glaucus in dem zu Berühmtheit gelangten Roman Edward Bulwer-Lyttons ‹The last days of Pompeii›.

Mit der Ernennung Giuseppe Fiorellis zum Soprintendenten 1863 beginnen zwölf prägende Jahre in der Ausgrabungsgeschichte der Stadt. Allein die von ihm getroffene Entscheidung, dass Gebäude künftig in ihrer gesamten Fläche gleichmäßig von oben her freizulegen seien – und nicht wie bisher über die zuvor ausgeschachteten Straßen –, revolutionierte die Methode. Auf diese Weise ließ sich das Einstürzen der Hausfassaden verhindern, die zuvor nicht selten dem Druck des Erdreiches im Inneren nachgegeben hatten. Zugleich schuf diese Maßnahme die Grundlage für erste wissenschaftlich zu nennende Dokumentationen, die Fundorte und -höhen festhielten. Fiorelli war es auch, der die Herausgabe eines regelmäßig erscheinenden Ausgrabungsberichtes (*Giornale degli Scavi*) einführte. Schließlich verdanken wir dem ersten Soprintendenten das noch heute gültige System der Einteilung der Stadt in neun Bereiche (Regionen) mit ihren Häuserblöcken (*insulae*) sowie der Numerierung der einzelnen Eingänge.

Während es Fiorellis Nachfolgern gelang, die letzten Regionen westlich der in Nord-Süd-Richtung verlaufenden Hauptstraße (Via Stabiana) freizulegen, und dabei so bedeutende Häuser wie jenes der Vettier zu entdecken, blieb es Vittorio Spinazzola in den Jahren zwischen 1911 und 1924 vorbehalten, mit ausgedehnten Grabungen entlang der Via dell'Abbondanza nach Osten – bis zum dortigen Sarno-Tor – jene heute berühmte ‹Basarstraße› auszugraben (Abb. 2). Ihre Bekanntheit verdankt sie nicht nur der Vielfalt von Läden und Werkstätten, sondern insbesondere Spinazzolas sehr suggestiver Rekonstruktion der Fassaden mit Obergeschossen, Fensteröffnungen und Balkons. Auch im Inneren der Häuser war man schon Ende des 19. Jh.s dazu übergegangen, zum Schutz von Fresken und Mosaiken die Antike nachahmende, geneigte Ziegeldächer zu errichten, ohne dabei freilich auf die ursprünglichen Raumhöhen oder etwaige Obergeschosse Rücksicht zu nehmen. Gleichzeitig verlegte man Strom- und Wasserleitungen, um Licht- und Springbrunneneffekte erzeugen zu können, und begann mit der Bepflanzung der inneren Säulenhöfe mit Lorbeerbäumen und Palmen. Heute erweist sich diese über Jahrzehnte geübte Praxis als großes Problem, da die moderne Aufmauerung der Wände mit antikem Baumaterial eine Unterscheidung originaler und ergänzter Substanz vielfach unmöglich macht, ganz abgesehen davon, dass die Rekonstruktionen selbst mittlerweile baufällig geworden sind.

Die Aufbruchstimmung der frühen Jahre des italienischen Faschismus scheint die Arbeiten in Pompeji noch beflügelt zu haben. Unter einem nimmermüden Leiter, wie es Amedeo Maiuri über fast 40 Jahre war, dehnte man das Grabungsgebiet nicht nur bis zum Amphitheater nach Südosten aus, sondern legte den gesamten Verlauf der Stadtmauer frei. Im Zuge dieser Arbeiten entdeckte man dort außerdem die ausgedehnte Gräberstraße vor dem Noceraner Tor. Das allzu schnelle Voranschreiten dieser Grabungen, das eine ungenügende Dokumentation mit sich brachte, und die unverantwortliche Vernachlässigung einer angemessenen Konservierung stellen heutige Archäologen vor eine paradoxe Situation: Genau jener Stadtbereich, der uns wegen seiner Dichte von einfachen Behausungen, der Vielzahl von Werkstätten, Kneipen und Herbergen sowie mehrerer plantagenähnlicher Pflanzungen viel über die Organisation von Wirtschaft und Gesellschaft im kaiserzeitlichen Pompeji verraten könnte, blieb – wohl aufgrund fehlender Fresken und Mosaike – weitgehend unerforscht. Mehr noch, man nahm in Kauf, dass er der Verwitterung ausgesetzt war und durch Pflanzenbewuchs zerstört wurde. Obwohl erst in neuerer Zeit ergraben, muss diese Region heute als archäologisch nahezu steriles Gelände bezeichnet werden.

Das seit 1748 sukzessiv freigelegte Areal umfasst heute etwa 44 Hektar und ist damit die größte zusammenhängende Stadtruine der Welt. 1997 ist man ihrer Bedeutung auch international gerecht geworden, indem man die Stätte in die Liste des UNESCO-Weltkulturerbes aufnahm. Auch die Politik scheint nun verstanden zu haben, dass die Bewahrung dieses Erbes nicht nur viel Geld, sondern auch entsprechend geschultes Personal erfordert. Pompeji und Herculaneum müssen über Jahre hinweg sorgfältig konserviert und dabei zugleich erforscht werden, um erneute Fehler zu vermeiden. Am Beginn des 21. Jh.s bleibt zu hoffen, dass Archäologen, Denkmalpflegern und Restauratoren der Spagat zwischen der Erhaltung der Ruine und ihrer Öffnung für das Publikum gelingen werde.

Vor diesem Hintergrund sind sich Archäologen aller Nationen darin einig, das bis heute nicht freigelegte Drittel des Stadtgebietes auch künftig vorerst unausgegraben zu lassen.

Die Infrastruktur der Stadt

Die Stadt aus der Luft – Mauern, Tore und Straßenführung

Schon der unregelmäßige Verlauf der Stadtmauer verrät die Rücksichtnahme auf geographische Gegebenheiten (Abb. Buchdeckel innen). Der Übergang des leicht nach Norden zum Vesuv hin ansteigenden und nach Osten leicht abfallenden Geländes vollzieht sich ohne markante Einschnitte. Die kantige Führung der Mauer im Westen und Süden hingegen folgt dem Steilabfall eines Lavaplateaus. Auf dessen Rücken war die Stadt wohl gegen Ende des 7. Jh.s v. Chr. gegründet worden. Dieses Plateau schiebt sich sehr weit nach Süden vor. Seine Entstehung geht auf weit ältere Ausbrüche des Vesuv zurück. Auch wenn die meisten Rekonstruktionen des antiken Küstenverlaufs sich in mancher Hinsicht voneinander unterscheiden, kann inzwischen als sicher gelten, dass die Stadt damals sehr viel näher am Meer lag. Die Mündung des schiffbaren Sarno scheint durch Lagunen geschützt und als Anlegeplatz sehr geeignet gewesen zu sein. Das machte Pompeji als Umschlagort für Waren, etwa für Salz aus den nahe gelegenen Salinen, interessant. Jüngere Ausgrabungen weiter östlich im Inland, bei der heutigen Stadt Nola, haben ergeben, dass man die seit dem frühen 1. Jahrtausend v. Chr. bestehenden Siedlungen gegen Ende des 7. Jh.s aufgab und näher an die Flussmündung verlegte.

Die erste Ansiedlung muss im Laufe von wenigen Generationen erheblich gewachsen sein (Abb. Buchdeckel innen). Bereits Amedeo Maiuri hatte seit Ende der 1920er Jahre bei seinen Untersuchungen der Stadtmauer Reste von Steinsetzungen festgestellt, die er jedoch nicht als ehemalige Befestigung, sondern als Fundament einer späteren Mauer deutete. Erst neuere Untersuchungen Stefano De Caros schufen hier Sicherheit und ergaben, dass eine erste Befestigung der Stadtgrenze bereits um 570/60 v. Chr. erfolgte. Diese einschalige und vermutlich nicht sehr hohe Mauer muss auch den Verlauf der späteren Verteidigungsanlagen weitgehend bestimmt haben. Nur im Osten verlief die erste Mauer anfangs wahrscheinlich weiter westlich und fasste hier weniger Terrain ein. Unabhängig davon spricht die sehr frühe Entstehung der Mauer dafür, dass man von Beginn an beabsichtigte, neben der Siedlung auch Nutzflächen für die Landbewirtschaftung und Herdenhaltung einzubeziehen.

In den letzten beiden Jahrzehnten sind eine Vielzahl von Grabungsschnitten in archaische – und auch eisen- und bronzezeitliche – Siedlungshorizonte Pompejis abgetieft worden, sodass mit Sicherheit gesagt werden kann, dass das Stadtgebiet des 6. und

5.Jh.'s weitgehend besiedelt war. Einen möglichen Hinweis auf den ersten Siedlungskern bietet die Straßenführung im Westteil des Stadtgebietes (Abb. Buchdeckel innen). Ohne Schwierigkeiten ist jene bogenförmig um das Forum im Zentrum herumgeführte Gasse auszumachen, die in der Forschung schon bald als Grenze eines alten Siedlungsnukleus, der sogenannten Altstadt, gedeutet worden ist. Außerdem wird dieses Areal von zwei sich im Bereich des Forums nahezu rechtwinklig kreuzenden Straßen – modern als Via Marina/Via dell'Abbondanza und Strada delle Scuole/Via del Foro bezeichnet – fast gleichmäßig geviertelt, sodass man von einer planmäßigen Parzellierung ausgehen kann.

Betrachtet man nun das außerhalb der Altstadt angelegte Straßennetz im Norden und Osten, so springen die geraden, das gesamte Stadtgebiet durchziehenden Achsen ins Auge, die Via della Fortuna bzw. di Nola im Norden, die Via dell'Abbondanza im Süden und die Nord-Süd-Achse der Via Stabiana. Ihr Verlauf rahmt einerseits das Altstadtareal ein und setzt andererseits die bestehende West-Ost-Achse (*decumanus*) der Via dell'Abbondanza nach Osten fort. Die parallele Führung der beiden *decumani* und die durch ihre Abstände erreichte Drittelung der Nord-Süd-Ausdehnung der Stadt müssen auf eine ebenfalls geplante Erschließung des neuen Siedlungsgebietes außerhalb der Altstadt zurückgehen. Wann genau dieser Straßenverlauf festgelegt wurde, ist umstritten. Jüngere Beobachtungen deuten aber darauf hin, dass dies frühzeitig geschehen ist und dabei auch die Lage der Stadttore in der später errichteten Mauer bestimmt worden sein muss. Es handelt sich um insgesamt sieben Tore: eines nach Herculaneum und Neapel im Nordwesten und das Vesuv-Tor, jenes in Richtung Nola und das Sarno-Tor nach Osten sowie die beiden südlichen zu den Nachbarstädten Nuceria (modern Nocera) und Stabiae (Casellamare di Stabia), und schließlich das Hafentor im Westen (Porta Marina).

Neben der Straßenführung im Bereich der Altstadt fallen auch in anderen Gebieten Unregelmäßigkeiten auf: Diese betreffen insbesondere die Orientierung der Seitenstraßen. So weichen vor allem im Nordwesten und Südosten ganze Stadtbereiche von der Ausrichtung der Nord-Süd-Achse der Via Stabiana (*cardo*) ab.

Während sich die Straßen nördlich der Altstadt an der Via di Mercurio, also an der Verlängerung der Forumsachse orientieren, nehmen sie im Südosten auf die Straße zum Noceraner Tor Bezug. Wie in den unmittelbar an die Altstadt angrenzenden Bereichen, so ergeben sich damit auch an verschiedenen anderen Stellen des Stadtgebietes Achsabweichungen und daraus resultierende schiefwinklig geschnittene Straßengevierte (*insulae*).

Die lange Zeit vertretene These, derzufolge diese Achsabweichungen eine sukzessive Stadtentwicklung von West nach Ost spiegelten, lässt sich allerdings nicht aufrechterhalten. Auch in Grabungen in den Regionen I und V konnten Spuren einer archaischen Besiedlung festgestellt werden, sodass die unterschiedlichen Zuschnitte der *insulae* anders erklärt werden müssen. Alternativ ist mit einer zunehmenden Verdichtung der Besiedlung, einer Reduzierung von Garten- und Freiflächen und einer wachsenden Zahl von mehrgeschossigen Bauten seit spätestens dem 3. Jh. zu rechnen. Der Nachweis einheitlich geschnittener Baulose in Regio I etwa, spricht für eine Ansiedlung größerer Bevölkerungsgruppen. Das könnten die ehemaligen Bewohner Nucerias gewesen sein, deren Stadt von Hannibal im Jahre 215 v. Chr. zerstört worden war.

Das schnelle Wachstum der Ansiedlung im Laufe der ersten drei Generationen (bis zur Mitte des 6. Jh.s v. Chr.) würde auch die Entscheidung zur Errichtung einer ersten niedrigen Verteidigungsmauer verständlich machen. Diese wurde jedoch schon kurze Zeit später, wohl zu Beginn des 5. Jh.s, wieder niedergelegt und durch eine sehr massive Befestigung aus zwei Kurtinen ersetzt, deren Zwischenraum man verfüllte. Wie sehr dieser Entschluss auf eine tatsächlich vorhandene Bedrohung durch benachbarte Siedlungen oder im Hinterland siedelnde Stämme zurückzuführen ist, lässt sich kaum beantworten. Immerhin scheint im 5. Jh. eine Siedlungsbewegung aus den samnitischen Bergen in die Küstenregion eingesetzt zu haben, die schließlich auch Pompeji unter die Herrschaft der Bergstämme brachte.

Dieser Vorgang, in dessen Verlauf es zu kriegerischen Auseinandersetzungen gekommen sein dürfte, erscheint durch jüngste Grabungen des Deutschen Archäologischen Instituts in neuem

Licht. Bereits in den 40er Jahren war die – freilich noch unzureichend dokumentierte – These geäußert worden, es habe auch eine Altstadtbefestigung gegeben. Diese hätte folglich älter sein müssen als der große äußere Mauerring. Mit der Erkenntnis aber, dass Letzterer bereits im 6. Jh. entstanden war, wurde die Existenz einer noch früheren Befestigung unwahrscheinlich. Folglich ließ man die Vorstellung von einer Altstadtmauer fallen. Untersuchungen der 90er Jahre im Bereich der Stabianer Thermen (Abb. 9) brachten nun an zwei Stellen auf Höhe der ehemaligen Ostgrenze der Altstadt Reste einer zweischaligen Konstruktion aus Lava- und Kalksteinblöcken zutage. Jüngste Grabungen der Freien Universität Berlin sowie der Universitäten Freiburg und Oxford in den Stabianer Thermen im Frühjahr 2016 konnten die These einer Altstadtmauer mit davor verlaufendem Graben falsifizieren. Während die oben genannte Konstruktion nach wie vor als Maßnahme des 5. Jh.s gegen die samnitischen Bergstämme verstanden werden kann, liegen derzeit jedoch keine Erkenntnisse über die Existenz des angenommenen Stadttores auf Höhe des Straßenknicks vor. Dies muss nicht heißen, dass sich die Bewohner Pompejis unter der zunehmenden Bedrohung durch die Samniten sogleich in ihren Siedlungskern zurückzogen und Gebäude im Umfeld der Altstadt aufgegeben hätten. Wahrscheinlicher ist hingegen die Funktion des Areals als eine Art Schutz- und Rückzugsort.

Der Befund dürfte zudem erklären, warum das 5. und 4. Jh. städtebaulich bislang als ein Zeitraum dunkler Jahrhunderte gelten musste, den zu erschließen sich Archäologen vergeblich mühten. Die Epoche der samnitischen Herrschaft, die keinerlei urbanistische Akzente setzte, war offensichtlich von weitgehender Stagnation geprägt. Nach den Grabungen von 2016 ist nun auch sicher, dass die erste Badeanlage dort nicht im 5. Jh. v. Chr., sondern erst viel später, wohl im 3. oder gar 2. Jh. v. Chr. entstand (s. u. 54 ff.).

Dies änderte sich erst mit der Ankunft der Römer, die ihren Einflussbereich im Zuge der latinischen Kriege seit 343 v. Chr. über die Grenze Latiums weit nach Süden ausdehnten. Der römische Historiker Livius (59 v. Chr. bis 17 n. Chr.) überliefert die Landung eines Flottenkommandos an der Sarnomündung im Jahre 310 v. Chr., von wo aus es die Nachbarstadt Nuceria und deren Territorium einnehmen sollte (Liv. 9, 38, 2 f.). Es müssen diese Auseinandersetzungen gewesen sein, in deren Folge sich die Bewohner Pompejis zum Bau einer dritten Stadtbefestigung entschlossen. Diese aus Kalksteinquadern errichtete Mauer war in dem am meisten gefährdeten Abschnitt an der Nordseite der Stadt mit einem angeschütteten Erdwall (*agger*) verstärkt worden, eine Form der Stabilisierung, die sich in dieser Zeit auch andernorts in Mittelitalien beobachten lässt. Von entscheidender Bedeutung für die Stadtentwicklung ist aber die Tatsache, dass sich die beiden Stadttore im Osten und Südosten, das Sarno-Tor und das Noceraner Tor, erst in dieser dritten Phase nachweisen lassen. Erst im Laufe des 3. Jh.s v. Chr. also scheint der Bereich um das später errichtete Amphitheater in das Siedlungsgebiet eingebunden und urbanistisch erschlossen worden zu sein. Damit hatte Pompeji jene äußere Form und bleibende Infrastruktur erhalten, die die Versorgung und den Verkehr bis in die Kaiserzeit hinein bestimmten.

Die Stadtmauern allerdings wurden noch zweimal verstärkt, wohl im Zuge der Bedrohung der campanischen Städte durch Hannibal und gegen Ende des 2. Jh.s v. Chr., als jene Landkommunen sich mit ihrer Forderung nach dem römischen Bürgerrecht gegen Rom erhoben. Auf diese letzte kriegerische Auseinandersetzung, den Bundesgenossenkrieg der Jahre 91 bis 89 v. Chr., in dessen Verlauf Pompeji belagert und schließlich erobert wurde, geht die Errichtung von zwölf Türmen im Südosten, Osten und Norden zurück. Ein Blick auf den Stadtplan offenbart die geschickte Positionierung dieser Türme jeweils am Ende von Straßen, wo sie von fern sichtbar waren und als Zugänge zur Kurtine fungierten. Vorrömische Fassadenaufschriften in oskischen Buchstaben leiteten die in Teilen fremden und orientierungslosen Söldner dorthin.

Seit einigen Jahren ist es wieder möglich, dem Mauerverlauf zu folgen und an manchen Stellen auch auf der Mauerkrone selbst zu laufen und von verschiedenen Punkten aus einen wunderbaren Blick über die antike Stadtanlage zu gewinnen.

Im Gewirr der Altstadtgassen – die Organisation des Verkehrs

In Pompeji gab es, soweit wir das Stadtgebiet kennen, ursprünglich keine Sackgassen. Die vereinzelten Ausnahmen entstanden erst als Folge kaiserzeitlicher Um- oder Neubauten. Für das städtische Leben auf oder in den Straßen ist das Vorhandensein oder Fehlen von Sackgassen keineswegs nebensächlich. Ein Blick auf den Stadtplan einer traditionellen orientalischen Stadt, etwa der Altstadt von Damaskus, zeigt, dass dort der überwiegende Teil der Gassen nur von der nächstgrößeren Straße her zu betreten war und wieder über sie verlassen werden musste. Als einzige Zugänge zu den angrenzenden Häusern stellten die Sackgassen damit einen eher privaten als öffentlichen Raum dar. Dieser wurde nicht selten nachbarschaftlich genutzt – und auch kontrolliert. In Pompeji dagegen waren die Straßen und Gassen prinzipiell als Durchgangswege angelegt und dienten damit in erster Linie der zielgerichteten Bewegung. Wie im Falle der Stadtmauertürme bereits angesprochen, gewannen die Seitengassen als Zugänge zur Mauer zeitweilig erhebliche Bedeutung und müssen stark frequentiert gewesen sein. Oskische Wandaufschriften etwa wiesen ortsunkundigen Soldatenkontingenten während des Bundesgenossenkrieges den Weg zu den Türmen. Wie wichtig diese Funktion war, wird auch durch die Existenz der innerstädtischen Ringstraße entlang der Mauer deutlich. Allein im Westen und Südwesten, dort wo der Steilabfall keine vergleichbare Befestigung erforderte, scheint die städtische Bebauung bis an die Geländekante vorgezogen worden zu sein. Ansonsten garantierte gerade die Ringstraße eine ungehinderte Zirkulation und half, Um- und Rückwege zu vermeiden.

Die Bedeutung der innerstädtischen Straßen und die Forderung, diese frei passierbar zu halten, geht auch aus Gesetzestexten verschiedener italischer Kommunen (z. B. den *Tabulae Heracleenses*) der Jahrzehnte vor und nach der Zeitenwende hervor. Sie regeln die Zuständigkeit der Magistrate und legen dabei etwa fest, dass der Bereich des sogenannten Fahrdamms von den Anliegern zu reinigen und von Abfall freizuhalten sei. Als Begründung wird auf die Notwendigkeit einer ungehinderten Fortbewegung verwiesen. Eine genauere Untersuchung der gesetzlichen Bestimmungen und der archäologischen Befunde ermöglicht noch eine interessante Differenzierung. Während die sogenannten Bürgersteige weitgehend dem Müßiggang und Verweilen vorbehalten blieben, waren es die gepflasterten Straßenflächen, die in erster Linie Lasttieren und -trägern, und erst in zweiter Hinsicht den Wagen als Verkehrsfläche dienten. Das scheint im Widerspruch zu den teilweise sehr tiefen Radspuren zu stehen. Bedenkt man jedoch, dass die wichtigeren Straßen Pompejis bereits im Laufe des 1. Jh.s v. Chr. gepflastert worden waren, dann sind diese Spurrillen in gut 150 Jahren entstanden. Die meisten kleineren Seitenstraßen und -gassen weisen denn auch kaum Wagenspuren auf, ein klares Indiz für die Annahme eines sehr überschaubaren Ausmaßes an Radverkehr. Schwere zweiachsige Lastkarren dürften ohnehin mehrheitlich außerhalb der Stadt eingesetzt und in der Nähe der Stadttore umgeladen worden sein, auf kleinere Karren, auf Tragbahren, Lasttiere und -träger.

An den innerstädtischen Kreuzungen und Abzweigungen lässt sich den Spurrillen entnehmen, dass hier ausschließlich zweirädrige Karren zum Einsatz kamen. Dies fügt sich gut in das Bild der engen und nur einspurig zu befahrenden Gassen in der Altstadt. Der Befund wird durch die Vorschriften in den *Tabulae Heracleenses* ergänzt, die den privaten Lastverkehr mit gezogenen Karren in die Nachtstunden verbannten; tagsüber durften nur einzelne Wagen als Zulieferer öffentlicher Bauvorhaben verkehren. Damit erübrigt sich endlich auch die immer wieder gestellte Frage nach den Einbahnstraßen. Im Falle eines denkbar seltenen Staus hinter einem der Karren musste eben gewartet werden, bis er ent- oder beladen war, ein Vorgang, der noch heute in der Altstadt Neapels zu beobachten ist und dort mit nicht ernst gemeinter Aufregung hingenommen wird. Auch stellten Ausweichmanöver zumindest für unbeladene Karren sicherlich keine große Schwierigkeit dar, da die großrädrigen Gefährte mit einem Rad verhältnismäßig leicht auf einen der Bordsteine oder Bürgersteige zu ziehen waren. Schließlich ist davon auszugehen, dass die Bevölkerung an solchen Ereignissen lebhaft Anteil nahm, sodass die drohende Begegnung zweier schwerfälliger Karren durch frühzeitige Warnungen angekündigt wurde. Einer der Wagen konnte dann an der nächsten, nicht weit entfernten Kreuzung warten, bis die Straße wieder frei war.

Wie sehr man Lasttiere einsetzte, lässt sich an den Hunderten von ösenartigen Löchern erkennen, die man im Laufe der Zeit durch die Kanten der Bordsteine gebohrt hat. Zahl und Verteilung sprechen dafür, dass sie in erster Linie dazu dienten, Maultiere anzubinden. Diese Löcher nutzte man allerdings auch zum Abspannen von Sonnensegeln über dem Bürgersteig. So schützte man die ausgelegte Ware und lud zugleich den Kunden zu einem Schwatz im Schatten ein.

Dies lenkt unseren Blick auf die Trottoirs, von denen schon behauptet worden ist, sie hätten – anders als in den europäischen Städten seit der frühen Neuzeit – vor allem dem Müßiggang gedient (Abb. 2). Um dies anschaulich werden zu lassen, muss man Folgendes bedenken: Bürgersteige mit einer Breite, die ein Passieren anderer Fußgänger gestatteten, finden sich in Pompeji nur entlang der Hauptstraßen, vor deren Läden, Werkstätten und den Eingängen zu den größeren Häusern der Stadt. In den kleineren Seitenstraßen hingegen war es durchaus üblich, die Bebauung bis an den Randstein reichen zu lassen, ein gutes Indiz dafür, dass sich Fußgänger normalerweise auf der Straße fortbewegten. Was nun die Entscheidung zur Anlage eines Bürgersteigs betrifft, so bietet uns der archäologische Befund zwei untrügliche Hinweise: Zum einen sind die Laufflächen der Trottoirs von den Besitzern der angrenzenden Gebäude selbst gepflastert worden, was wir daraus ersehen können, dass auf Höhe der Grundstücksgrenzen oftmals die Beläge wechseln. Zum anderen differieren selbst entlang der Hauptstraßen die Breiten der Gehsteige von Insula zu Insula. Da die Randsteine der Straßenpflasterung in einer Flucht liegen, kam die unterschiedliche Breite der Bürgersteige also erst durch den vom Eigentümer festzulegenden Verlauf der Fassade zustande. Dies und die Tatsache fehlender Gehsteige in den Seitenstraßen würden kaum verständlich, wenn die Trottoirs wesentlich Verkehrsflächen der Fußgänger gewesen wären.

Damit liegt es nahe, auch die bis heute als ‹Zebrastreifen› miss-

Abb. 2: Pompeji, östlicher Abschnitt der Via dell'Abbondanza (nach Westen) mit Läden, Hauseingängen und Resten der Obergeschosse

verstandenen Trittsteine in anderer Weise zu interpretieren. Obwohl eine detaillierte Untersuchung bislang fehlt, kann von folgenden Beobachtungen ausgegangen werden: Diese Übertritte finden sich keinesfalls in allen Straßen, sondern in der Regel nur dort, wo Läden und Lokale nachweisbar sind. Ihre Konzentration in bestimmten Arealen, etwa in der Altstadt, ist auch damit zu erklären, dass sie sich beliebig platzieren ließen und stellenweise auch in bereits fertiggestellte Pflasterungen nachträglich eingetieft werden konnten. Sollte man mit der Verlegung dieser Trittsteine, wie vielfach behauptet wird,vornehmlich beabsichtigt haben, Fußgängern bei schlechtem Wetter den sicheren Übergang zum gegenüberliegenden Bürgersteig zu ermöglichen, muss man sich fragen, warum Übertritte in vielen Bereichen der Stadt dann nicht nachweisbar sind. Darüber hinaus bliebe zu erklären, weshalb sie im benachbarten Herculaneum und anderen italischen

Städten nur sehr vereinzelt und niemals in der Dichte wie in Pompeji verlegt wurden. Hat es dort nicht geregnet? Da die Passanten wie gesehen das Pflaster benutzten, boten die Trittsteine offenbar die Möglichkeit, den fließenden Verkehr ohne größere Schwierigkeiten zu kreuzen, um Läden abzuschreiten, das Gespräch mit einem Bekannten auf der gegenüberliegenden Straßenseite zu suchen oder in Ruhe das Haus eines Freundes zu betreten.

Nur vor dem Hintergrund einer solchen Benutzung der Bürgersteige wird auch ein weiteres Phänomen verständlich. Die Hausfassaden, obgleich in der Kaiserzeit üblicherweise rot- und weißgrundig bemalt, wurden als quasi öffentliche Plakatflächen verwendet. So wurden etwa Wahlempfehlungen publik gemacht (Abb. 3): Bewohner Pompejis, zuweilen ganze Personengruppen, schlugen ihren männlichen Mitbürgern auf diese Weise einzelne Kandidaten als künftige Magistrate der Stadt vor. Obwohl Frauen nicht wahlberechtigt waren, erscheinen auch sie in seltenen Fällen als ‹Wahlhelferinnen›. Die mit roter oder schwarzer Farbe und dem Pinsel aufgetragenen *tituli picti* unterschieden sich auch formal, konnten karg und knapp den bloßen Namen

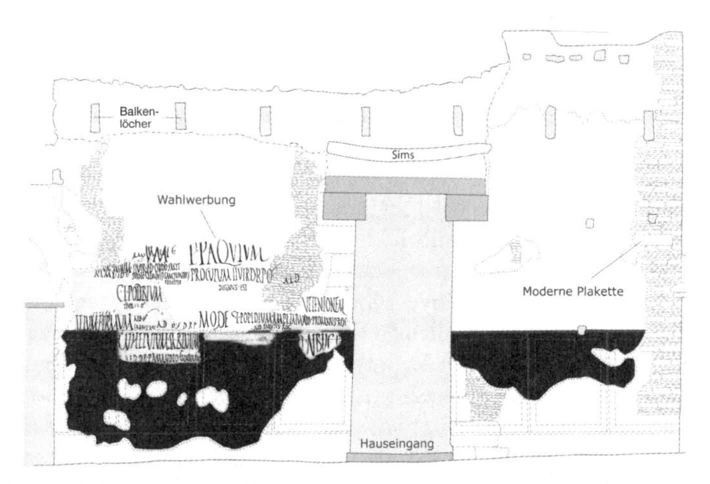

Abb. 3: Pompeji, Haus des Paquius Proculus (I 7, 1.20), Umzeichnung der Nordfassade mit einer Vielzahl von Wahlempfehlungen

eines Kandidaten mit dem Zusatz «zur Wahl empfohlen» versehen, oder aber in beinahe epischer Breite seine bisherigen Ämter und sonstige Qualitäten auflisten.

Üblicherweise wurden solche Aufschriften bald nach einer Wahl wieder übertüncht, da man die Flächen auch anderweitig nutzte, etwa für die Ankündigung öffentlicher Zirkusspiele. Neben dem Hinweis auf das Ereignis selbst spielte dabei die Erwähnung des Initiators und Geldgebers eine entscheidende Rolle. Aus diesem Grund enthielten solche Bekanntmachungen Angaben über die Dauer der Spiele und die Anzahl der Tier- und Gladiatorenpaare, die zu sehen sein würden, denn daran ließen sich sogleich Aufwand und Freigebigkeit des Spielgebers ermessen.

Auch wenn betont werden muss, dass das Gros jener früh ausgegrabenen Häuserwände, deren Aufschriften im 18. und 19. Jh. noch gut zu lesen waren, nicht dokumentiert worden und heute verloren ist, können die Befunde der jüngeren Ausgrabungen als verlässliches Zeugnis gelten. Der Funktion dieser Aufschriften folgend, verwundert es nicht, sie vor allem auf den Fassaden entlang der Haupt- und Ladenstraßen zu finden. Die hier vorhandenen breiten Bürgersteige gestatteten das Verweilen vor den Wänden, und die Passanten konnten in Ruhe die über Nacht neu hinzugekommenen Ankündigungen zur Kenntnis nehmen. Wo sonst hätte dies in Pompeji erfolgen sollen, da öffentliche Plätze abseits des Forums und der Heiligtümer fehlten, die Raum für Versammlungen und Bekanntmachungen geboten hätten.

Dem nunmehr geschärften Blick für die Eigenarten des innerstädtischen Verkehrs wird bei genauerer Beobachtung allerdings nicht entgehen, dass es doch kleinere platzähnliche Areale gegeben hat. Ihre Genese ist jedoch nie untersucht worden. Soweit dies anhand der Situation des Jahres 79 n. Chr. zu bestimmen ist, entstanden sie vornehmlich an Kreuzungen oder als Erweiterung einzelner Abschnitte der Hauptstraßen. Auch vor den Stadttoren und unmittelbar innerhalb der Mauer, so z. B. am Herculaner oder dem Stabianer Tor, finden sich derartige Verbreiterungen der Straßenpflasterung. Gleich nach Betreten der Stadt traf der Reisende hier auf weite Einfahrten in Höfe, in denen Zugtiere und Gefährte abzustellen waren. Die angrenzenden Gebäude dürften daher Herbergen für Händler und Handwerker gewesen sein. Ähnliche Plätze fand man in der Stadt vor den Eingängen in die Bäder am Forum und die Stabianer Thermen (Abb. 9) oder aber vor der Eingangshalle in den alten Kultbezirk des Forum Triangolare beim Theater (Abb. 7). Die platzartige Erweiterung einer Straßenkreuzung empfing den Passanten in der Altstadt auch nördlich des städtischen Bordells (Abb. 8). Durch das Zurücksetzen der angrenzenden Fassade war hier ein sehr breiter Bürgersteig entstanden. An das dort eingerichtete kleine Lokal schloss eine Wand an, die bei ihrer Ausgrabung noch zahlreiche Reste von Aufschriften trug. Die hier genannten Personen tauchen auch in anderen Kritzeleien auf und dürften als Anwohner zur dortigen Nachbarschaft gehört haben.

Die zu rekonstruierende Intimität solcher Straßenszenen erklärt auch, wie ortsunkundige Personen sich in der fremden Stadt orientieren konnten. Das Fehlen von Straßenschildern und die nur im Volksmund geläufigen und bekannten Straßennamen erschlossen sich allein durch ständiges Nachfragen. Das bedeutete zugleich, dass ein unbeobachtetes Eindringen in die engeren Stadtquartiere nahezu unmöglich war. Als Beispiel sei auf ein Graffito aus den Vorstadtthermen von Herculaneum verwiesen. Ein Hermeros fordert hierin eine Primigenia auf, ihn doch im 20 Kilometer nördlich gelegenen Puteoli zu besuchen. Dort angekommen, solle sie zuerst nach dem Viertel Timnianus fragen und sich dann an den Geldwechsler Messius wenden. Ortskundige Begleitung, nicht selten wohl auch die eines Kindes, muss für die meisten Besucher einer Stadt demnach eine ganz normale Erfahrung gewesen sein.

Zu- und Abflüsse – vom Umgang mit allerlei Wässern

Über Jahrhunderte war die Versorgung der Bewohner Pompejis mit frischem Trinkwasser schwierig. Wollte man es nicht von weiter her holen, aus dem Sarno oder von wenigen Quellen an den Vesuvhängen, so war man auf Tiefbrunnen und Zisternen angewiesen. Vor allem erstere stellen technisch beachtliche Konstruktionen dar, da das Grundwasser wegen der Lage der

Stadt auf dem Plateau nur in großer Tiefe zu erreichen war. So weist der in der Nähe des Herculaner Tores, einem der am höchsten gelegenen Punkte der Stadt, ausgegrabene Brunnen eine Tiefe von etwa 35 Metern auf. Seit der Anlage des Aquäduktes und der Fließwasserversorgung der Stadt, vermutlich im Laufe des 1. Jh.s v. Chr., wurden die meisten dieser Brunnen aufgegeben, als Abfallgruben genutzt und so allmählich verfüllt. Deshalb sind uns heute ihre Zahl und Verteilung über das Stadtgebiet nicht gut bekannt. Die bei den Ausgrabungen zutagegetretenen Tiefbrunnen finden sich zum einen in der Nähe von Straßenkreuzungen und werden vermutlich als öffentliche Schöpfstellen gedient haben. Eine größere Zahl scheint dagegen im Inneren von Gebäuden, in Höfen oder ungedeckten Arealen, aber auch innerhalb später errichteter Räume gelegen zu haben. Wer sie gegraben hatte und wer den Zutritt zu ihnen kontrollierte, ist unklar; ebensowenig können wir sagen, ob sie einer rein privaten Wasserversorgung gedient haben.

Von nicht minder großer Bedeutung für die Wasserversorgung der Stadt waren die Zisternen. Selbst wenn man ihr Wasser schon frühzeitig nur als Brauchwasser genutzt haben sollte, um Gärten zu bewässern, Nutztiere zu tränken, Geräte zu säubern oder Wäsche und sich selbst zu waschen, wird es kaum ein Gebäude gegeben haben, bei dessen Errichtung nicht mindestens eine Zisterne angelegt worden ist. Bedenkt man dies, dann wird offenbar, wie wenig wir über die Organisation des städtischen Wasserhaushalts, zumindest bis in mittelrepublikanische Zeit (2. Jh. v. Chr.), und das heißt für die ersten 500 Jahre der Siedlung, wissen. Dies hat allerdings auch damit zu tun, dass die Untersuchung der Zisternen nicht ungefährlich ist. Die meisten von ihnen dürften zum guten Teil mit Lapilli, der Bimssteinlava des Vesuv gefüllt sein, da sich ihre Öffnungen zur Entnahme des Wassers in der Regel in den Atrien oder ungedeckten Gartenperistylen befanden. Der Stabilität ihrer Seitenwände und Gewölbe ist kaum zu trauen, insbesondere dann nicht, wenn sie ausgegraben und leer sind und dem Außendruck kein Widerstand mehr entgegensteht. Wohl aus diesem Grund hat die Archäologie die Erforschung der Zisternen bislang vernachlässigt.

Nur anhand einzelner, im Detail erforschter Häuser lassen sich erste Aussagen über den Wasserhaushalt größerer Gebäudekomplexe treffen. Zusätzlich zur Lage im Atrium- und Gartenbereich konnten Zisternen auch unterhalb der an die Straße grenzenden Räume eines Gebäudes liegen. In der später noch eingehend zu beschreibenden *Insula Arriana Polliana* (VI 6; Abb. 15), einer den gesamten Häuserblock einnehmenden und wohl in einer Hand konzentrierten Immobilie, lag unter den die Südfassade gliedernden Läden (*tabernae*) eine riesige Zisterne. Sie erstreckte sich mit mehr als 30 Metern Länge auf die gesamte Breite des Gebäudes. In mindestens vier der sechs Läden wurden Schachtöffnungen gefunden, die die Entnahme von Wasser ermöglichten. Die Zisterne selbst wies mehrere Kammern auf, deren Trennwände genau unterhalb der Wände zwischen den *tabernae* verliefen. Diese Kammern waren miteinander verbunden, sodass alle Läden mehr oder weniger über denselben Vorrat an Brauchwasser verfügten. Die aufwendig aus Tuffquadern konstruierte Fassade des Gebäudes deutet auf eine Entstehung noch in vorrömischer Zeit, also gegen Ende des 2. Jh.s v. Chr. hin und legt damit auch die Datierung der Zisterne fest.

Kaum viel später, in der 2. Hälfte des 1. Jh.s v. Chr., kam es dann zu einer entscheidenden Verbesserung der städtischen Wasserversorgung. Durch den Bau eines großenteils unterirdisch verlaufenden Aquäduktes, der östlich des Vesuv von der dort bestehenden Serino-Leitung abgezweigt und nach Pompeji geführt wurde, erhielt die Stadt erstmals fließendes Frischwasser. Ein sehr anschauliches und bis in Details genau recherchiertes Bild von der Funktionsweise einer solchen Leitung und ihrer Instandhaltung ist von Robert Harris in seinem Pompeji-Roman nachgezeichnet worden. Der gemauerte Aquädukt, dessen Wände verputzt und dessen Inneres zu Reinigungs- und Reparaturzwecken begehbar waren, erreichte Pompeji an seinem höchsten Punkt vor dem Vesuv-Tor. Auf der Innenseite der Stadtmauer errichtete man damals einen offenen Wasserverteiler, in den die Leitung mündete. In dem erst später umbauten Raum befand sich ein etwa dreieckig geformtes Bassin. Nachdem das Wasser zwei Bleisiebe durchströmt hatte und damit grob gereinigt worden war, wurde es auf drei Zuläufe verteilt, die reguliert und notfalls gesperrt werden konnten. Von hier aus wurde das Wasser in Bleirohren weitergeleitet, die einen Querschnitt von bis zu 30 Zentimetern hatten. Ihre Anfälligkeit für den nicht geringen Wasserdruck scheint mehrfach zu Reparaturen genötigt zu haben.

In Anlehnung an eine Beschreibung bei dem römischen Architekten Vitruv, die er Ende des 1. Jh.s v. Chr. verfasste, hat man diese Dreiteilung auf unterschiedliche Leitungssysteme der Stadt bezogen. Das wichtigste davon habe die Laufbrunnen der Stadt gespeist, während die beiden anderen die Versorgung der Thermen und privaten Haushalte gewährleisteten. Dies konnte jüngst widerlegt und gegen Vitruv gezeigt werden, dass die Dreiteilung allein einer gleichmäßigen regionalen Versorgung diente.

Die Verteilung des Wassers erfolgte durch ein ausgeklügeltes Netz von Hochbehältern, die man an den Straßenrändern auf dafür eigens errichteten Pfeilern befestigte (Abb. 4). Wie die Rohre waren auch die Bassins aus Blei gefertigt. Ihre Aufstellung auf den bis zu sechs Meter hohen Pfeilern diente unterschiedlichen Zwecken. Zum einen wurde dadurch die Verlegung von Steigleitungen in die benachbarten Obergeschosse ermöglicht. Wichtiger scheinen sie allerdings als Druckausgleichsbecken gewesen zu sein, die überall in der Stadt für gleichbleibenden Wasserdruck sorgten. Das stellenweise beträchtliche Gefälle, das großen Druck erzeugte, beanspruchte insbesondere die Falzen der Rohre und die Nahtstellen der einzelnen Teilstücke. Starke Versinterungen markieren jene Lecks, an denen Wasser austrat. Die Hochbehälter senkten den Druck auf ein einheitliches Niveau, das selbst in der Kaiserzeit noch ausreichte, um die zunehmende Zahl von privaten Leitungen zu speisen und die Wasserspiele zu betreiben, die nun immer häufiger in den Wohnhäusern installiert wurden.

Die eigentliche Versorgung der Bevölkerung mit Trinkwasser erfolgte allerdings über die Laufbrunnen. Die ältesten von ihnen müssen gleichzeitig mit dem Anschluss Pompejis an den Aquädukt errichtet worden sein. Sie bestanden aus vier großen Lava- oder Kalksteinplatten, die durch Klammern zusammengehalten

Abb. 4: Pompeji, Pfeiler eines Hochbehälters der städtischen Wasserversorgung mit davor errichtetem Laufbrunnen

wurden. Eine Bohrung in Bodennähe ermöglichte die Entleerung zum Zwecke der Reinigung, eine Kehle in der straßenseitigen Platte leitete überlaufendes Wasser auf das Straßenpflaster. Über einer der vier Platten erhob sich ein durchbohrter Steinpfeiler, der das Ende der Bleileitung aufnahm und dessen mit einem Relief verzierter Kopf als Wasseraustritt diente. Das stete Plätschern des Wassers teilte jedem Bürger den neuen Wasserreichtum unüberhörbar mit. Normalerweise setzte man diese Becken mit ihrer Rückwand auf den Bordstein auf. So war es möglich, die im Bürgersteig verlegten Bleileitungen unterirdisch und damit gut geschützt bis an die Laufbrunnen heranzuführen. Das eigentliche Bassin erstreckte sich von hier aus in den Straßenraum und bot den dort Vorbeiziehenden damit drei Seiten zum Wasserschöpfen an. Die Anwohner dagegen, die ihren Bedarf mit großen Eimern deckten, die sie anschließend bis in die oberen Geschosse schleppten, nutzten das höhere Niveau des Bürgersteigs. Es sind vor allem die hinteren Beckenränder, die deutlich die Schleifspuren der Kübel zeigen.

Den zuständigen Magistraten ging es jedoch nicht allein um die Bereitstellung einer größeren Menge an Trinkwasser, sondern erstaunlicherweise auch um dessen gleichmäßige Verteilung innerhalb der Stadt. Denn neben der beachtlichen Zahl von mindestens 13 Hochbehältern schuf man ein noch viel dichteres Netz von Laufbrunnen, von denen heute 42 bekannt sind. Diese befanden sich üblicherweise an Kreuzungen oder auf den schon genannten kleinen Plätzen und waren von überall her mit wenigen Schritten zu erreichen. Bezeichnend für den damaligen technischen Fortschritt ist jener Befund an der schon genannten Straßengabelung südlich des Herculaner Tores. Der dort vorhandene Tiefbrunnen konnte nur aufgegeben werden, weil man ihn durch einen Laufbrunnen ersetzte.

Im Gegensatz zu dem Aufwand, der für die Versorgung mit Trinkwasser betrieben wurde, scheint man sich um die Entsorgung der Abwässer nur punktuell gekümmert zu haben. Der Geländeabfall sorgte von alleine für eine Ableitung, sodass die Anlage einer Kloake unnötig erschien. Die Überläufe der Auffangbecken (*impluvium*) in den Häusern leiteten das überschüssige Wasser stets auf die Straße, von wo es – wie jenes der Laufbrunnen und sonstige Niederschläge – entlang der Bordsteine in Richtung der südlichen Stadtgrenze lief. Die Randsteine hatten dabei sicherlich auch die Funktion, diese Abwässer nicht auf den Bürgersteig gelangen zu lassen. Dennoch ist es sicher falsch, aus der uneinheitlichen Höhe der Bordsteine auf das jeweilige Maß der Überflutung des Pflasters schließen zu wollen.

Nur an wenigen Stellen in der Stadt sorgten Kollektoren für eine Ableitung des Wassers durch einen Kanal. Unweit östlich des Forums, auf Höhe der Stabianer Thermen, liegt in der Via dell'Abbondanza der bekannteste Ablauf. Bezeichnend ist hier jedoch, dass man den Kanal nicht eigentlich für diesen Zweck konstruiert, sondern lediglich einen Stichkanal angelegt hat, der die Abwässer in den älteren Entsorgungskanal der benachbarten Thermen einleitete.

Auch die Bauherrn der angrenzenden Gebäude bedienten sich dieser Leitung. Die Zahl der kleinen Stichkanäle aus den umliegenden Häusern lässt sich zwar nicht genau beziffern, belegt aber nachdrücklich die Einleitung großer Mengen an Fäkalien und Abfällen aus privaten Haushalten in den öffentlichen Kanal – ob mit oder ohne Genehmigung der zuständigen Beamten, bleibt ungewiss. Die Regel war dies jedoch nicht. Die meisten Latrinen hatten eine Senkgrube, die temporär von Sklaven gereinigt werden musste.

Die öffentlichen Bauten Pompejis

Der Ausbau des Forums als politisches Zentrum der Stadt

Wer in den Jahren vor der Verschüttung über das Forum ging, dem dürfte sich das politische und wirtschaftliche Zentrum der Stadt als ein Ensemble aus sehr unterschiedlichen, alten und neuen, renovierungsbedürftigen und sanierten Gebäuden präsentiert haben (Abb. 5). Obwohl der beherrschende Tempel an der Nordseite, das *capitolium*, und die den Platz an drei Seiten im Westen, Süden und Osten einfassende Portikus den Eindruck

Abb. 5: Pompeji, Luftaufnahme des Forums mit angrenzenden Gebäuden

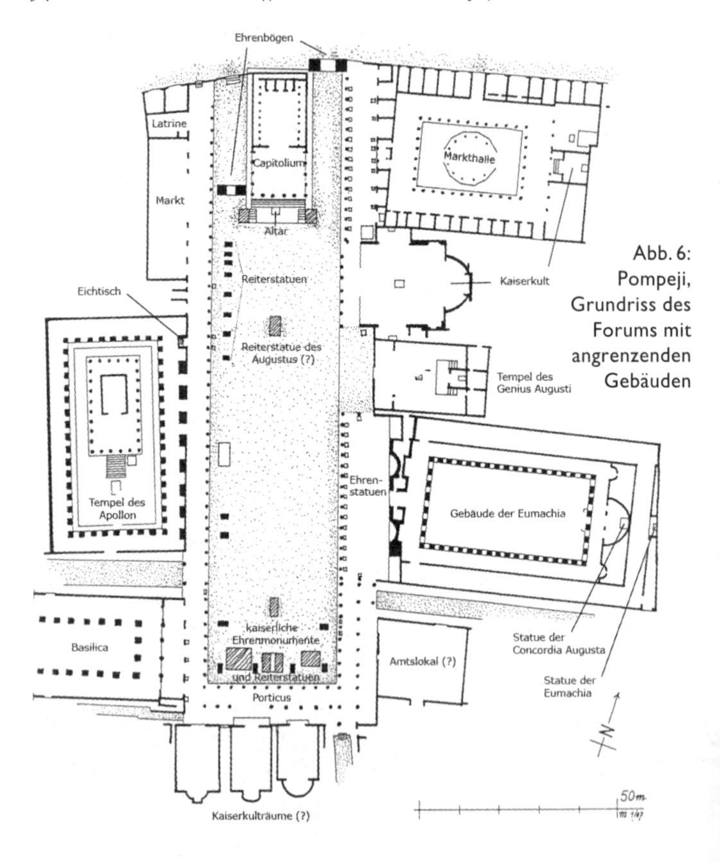

Abb. 6: Pompeji, Grundriss des Forums mit angrenzenden Gebäuden

einer geschlossenen Anlage vermitteln sollten, blieb dem Betrachter nicht verborgen, wie heterogen die dahinter liegenden Bauten waren. Auch ein Blick auf den Stadtplan verrät sofort die uneinheitlichen Größen, Grundrisse und Orientierungen, die den Platz als nach und nach gewachsenes Ensemble ausweisen (Abb. 6). Das Heiligtum für Apoll an der Westseite ist das älteste Gebäude am Ort. Spuren einer Heiligtumsmauer, eines Altars und einer Votivsäule belegen seine Existenz schon im frühen 6. Jh. v. Chr. In dieser Phase der ersten Urbanisierung Pompejis, die kulturell griechisch und auch etruskisch geprägt war, fungierte der Tempel als Hauptheiligtum der Siedlung. Das heutige Gebäude und seine Ausrichtung nach Süden sowie die Errichtung der ihn umgebenden Säulenhallen gehen aber erst auf das spätere 2. Jh. zurück. Dass der Tempel mit einer solchen vierseitigen Säulenhalle umbaut wurde, verrät die Übernahme einer letztlich aus dem Osten stammenden und über Rom verbreiteten Bauidee. Die Ähnlichkeit zu Heiligtümern in der Hauptstadt ist so groß, dass sogar an eine Nachahmung dortiger Bauten gedacht werden kann, die ihrerseits nach griechischem Vorbild errichtet worden waren. Erstaunlich daran ist der Zeitpunkt, denn in der Mitte des 2. Jh.s v. Chr. bestand für die unabhängige und vertraglich nur lose mit Rom liierte Stadt an sich gar keine Notwendigkeit eines solchen architektonischen Bekenntnisses. Zwei Generationen später sollten die italischen Städte, darunter auch Pompeji, Krieg gegen Rom führen, um ihre Anerkennung als Bürger römischen Rechts durchzusetzen. Während uns schriftliche oder literarische Zeugnisse für eine politische Annäherung an Rom in dieser Zeit fehlen, spricht der archäologische Befund dafür, hierin eine freiwillige Selbst-Romanisierung, lange vor der Erhebung Pompejis zur Kolonie, zu sehen.

Einen weiteren Hinweis auf eine solche unerwartete, frühe Anlehnung an Rom lieferte die Untersuchung des Iuppiter-Tempels. Etwa gleichzeitig mit der Renovierung des Apollon-Tempels begann man an der Nordseite des langgestreckten Platzes mit dem Neubau eines sehr viel größeren Kultgebäudes. Allein seine Dimensionen, aber auch die Lage in der Achse des Forums unterstreichen, dass es sich um das Haus des neuen und nunmehr wichtigsten Gottes handelte. Anders als der Apollon-Tempel, der mit seiner umlaufenden Säulenstellung das griechische Modell übernahm, greift der Entwurf des Tempels für Iuppiter mit seiner tiefen Säulenvorhalle und der mächtigen Freitreppe hinauf zum hohen Podium auf italische Vorbilder zurück. Die Pracht des Baus und der damit verbundene Anspruch auf die Stellung seines Kultes waren nicht zu übersehen. Selbst im Innenraum, der *cella*, standen Säulen. Ihre Rückseite wurde auf der gesamten Breite von einem hohen Podium für das Kultbild eingenommen, das drei kleine nischenartige Kammern beherbergte. Wie genaue Untersuchungen zeigen konnten, handelt es sich dabei um eine bauliche Veränderung, die man ein bis zwei Generationen nach Errichtung des Tempels ansetzen muss. Nachdem der Bau zunächst Iuppiter allein geweiht worden war, scheint man den Kult zu Beginn des 1. Jh.s v. Chr. auch auf zwei weitere Gottheiten ausgedehnt zu haben. Es ist wahrscheinlich, dass dies Iuno und Minerva waren und damit von diesem Zeitpunkt an – wiederum vor der Erhebung zur römischen Kolonie – in Pompeji ein Kult für die capitolinische Trias nach römischem Vorbild eingerichtet worden ist. Dem Bundesgenossenkrieg gegen Rom scheint demnach politisch also eine Phase vorausgegangen zu sein, in der sich Pompeji und wohl auch andere Städte mit der Übernahme von Kulten als romanisierte Gemeinden begriffen und dies mit den entsprechenden Tempelbauten markant zur Schau stellten, ganz in der Hoffnung, auf diesem Wege das römische Bürgerrecht zu erhalten. Erst die wachsende Enttäuschung über die ablehnende Haltung Roms hätte dann zum Aufstand und Krieg geführt.

Das erkennbare Selbstbewusstsein der Kleinstadt manifestierte sich auch in anderen Bauvorhaben am Forum. Gegenüber vom Apollon-Tempel lag, auf der Südseite der Via Marina und in Ost-West-Richtung orientiert, ein riesiger dreischiffiger Bau. Der Grundriss der weiten überdachten Halle mit dem bühnenähnlichen *tribunal* im Westen entspricht den Merkmalen römischer Basiliken. Es handelt sich bei diesen Bauten um Mehrzweckhallen, die in Rom am dortigen Forum seit dem Ende des 3. Jh.s v. Chr. errichtet wurden. Ihre Funktion ist nur sehr verallgemeinernd zu umschreiben. Sie konnten offensichtlich genauso merkantilen wie iustiziarischen Zwecken dienen, insbesondere in der kälteren Jahreszeit. Die pompejanische Basilika entstand in denselben Jahrzehnten wie die beiden genannten Tempelbauten, also in einer Zeit großer wirtschaftlicher Prosperität der Stadt. Im Zuge ihrer Errichtung mussten Vorgängerbauten abgerissen werden, möglicherweise auch Privathäuser. Wahrscheinlich gab es hier keine zum Forum geöffneten Läden, so wie das weiter nördlich für beide Seiten des Forums und literarisch für das Forum Romanum überliefert ist. Beim Bau der Basilika sind – erstmals in Pompeji – in großem Umfang gebrannte Ziegel, für die kannellierten Säulen sogar speziell geformte Ziegel verwendet worden. Um den Rohbau schließlich dem Aussehen öffentlicher Bauten anzupassen, überzog man die Wände, Säulen und Kapitelle mit Stuck. Dieser wurde abschließend geglättet und poliert. Mit Hilfe eines sehr feinen Oberflächenreliefs imitierte man ein Quadermauerwerk, mit großen Blöcken im Sockelbereich der Wand und mehreren Schichten darüber. Diese Nachahmung von Quadermauern, die sich auch in Wohnhäusern findet, wird seit den Untersuchungen zur pompejanischen Wanddekoration von August Mau (1882) als Erster Pompejanischer Stil bezeichnet. Ein in den Stuck eingeritztes Graffito nahe dem nördlichen Eingang der Basilika nennt die Konsuln des Jahres 78 v. Chr. und weist die Dekoration Ersten Stils damit in die vorrömische Phase des Bauwerks.

Was genau die Errichtung der Basilika veranlasste, ist nicht bekannt. Als öffentliches Verwaltungsgebäude vermisst man aus heutiger Sicht zunächst Büro- und Archivräume. Die hat es in der Basilika tatsächlich nicht gegeben. So könnte etwa die Stadtkasse im Podium des Iuppiter-Tempels verwahrt worden sein, das über eine kleine Tür an der Ostseite zu betreten war. Das Fehlen von Diensträumen erklärt sich aus jener Gepflogenheit, derzufolge ein Magistrat dort Sprechstunde hielt und verbindliche Entscheidungen traf, wo immer er seinen ‹Amtssitz›, die *sella*, gerade platzierte, auf dem offenen Forumsplatz genauso wie in der Basilika, in Einzelfällen wohl auch in seinem Wohnhaus. Ihn begleitende Diener und Schreiber werden ihn dabei vor allzu aufdringlichen Bürgern abgeschirmt und eine gewisse Ordnung aufrechterhalten haben. Ein Fresko aus dem Haus der Iulia Felix, das eine Forumsszene zeigt, vermittelt davon ein anschauliches Bild (Abb. 13 aus demselben Zyklus).

Gleichzeitig mit der Basilika entstand auch die Südportikus, die das Forum damals von der südlich verlaufenden Straße trennte. Oskische Aufschriften auf den Säulen lassen vermuten, dass hier Rechtsangelegenheiten verhandelt wurden. Aus solchen Inschriften sind uns auch städtische Amtsbezeichnungen, jene des *meddix tuticus* sowie des Ädilen und des Quästoren bekannt. Lässt sich der *meddix* am ehesten als Bürgermeister verstehen, so kümmerten sich die beiden anderen um die öffentliche Ordnung und Bautätigkeit bzw. verwalteten die Stadtkasse. Mit der Ernennung Pompejis zur römischen Kolonie wurden dann auch die lateinischen Namen für die beiden führenden, ‹rechtsprechenden› Beamten eingeführt, die *duumviri iure dicundo*, sowie Ädilen und Quästoren fortan gemeinsam als *duumviri aediles* bezeichnet.

Die intensive Bautätigkeit seit der Mitte des 2. Jh.s führte, wie wir schon gesehen haben, zum Nebeneinander sehr unterschiedlicher Gebäude an den Rändern des Platzes. Bedenkt man, dass deren Bauhöhen stark schwankten – vom *capitolium* über die zweigeschossigen Hallen des Apollon-Heiligtums und der Basilika bis hin zu den Häusern und Gebäuden an der Südseite, ganz abgesehen von den Ladenreihen an der Ostseite –, dann wird die Absicht einer vereinheitlichenden Gestaltung des Platzes als Ausdruck des gestiegenen Selbstbewusstseins der Kleinstadt verständlich. Um 130 v. Chr. entschied man sich zum Bau einer zweigeschossigen Säulenhalle (*porticus*), die den Platz auf drei Seiten säumen sollte. Die diesen Hallen bisher zugewiesene Inschrift mit der Nennung des Quästors V. Popidius steht allerdings auf einer zweitverwendeten Kalksteinplatte, ohne gesicherten Fundkontext. Ihre Zugehörigkeit ist völlig ungewiss. Die im Text genannten *porticus* (Plural) dürften sich eher auf Hallen der nahen Heiligtümer beziehen als auf die Forumsportiken.

Wie in den benachbarten Heiligtümern bestanden auch die Säulen der neuen Portiken aus dem graubraunen Tuff der Nachbarstadt *Nuceria* (Nocera). Er war leicht zu bearbeiten und wurde abschließend mit hellem Stuck überzogen, sodass er hellem Kalkstein oder gar Marmor glich. Erst im Zuge einer Renovierung zu Beginn der Kaiserzeit, im frühen 1. Jh. n. Chr., tauschte man die Mehrzahl der Tuffsäulen durch solche aus härterem Kalkstein aus. Das Obergeschoß dieser Portiken war über mindestens eine Treppe seitlich von der Basilika her zugänglich und diente nicht nur als Ort des Müßiggangs und Flanierens. In einer Zeit, in der noch keine Stadt Italiens über ein Amphitheater verfügte, fanden auch in Pompeji Spiele und Gladiatorenkämpfe auf dem Forum statt. Bei diesen Anlässen boten die oberen Hallen die besten Zuschauerplätze.

Die Entscheidung für eine Neugestaltung des Platzes hatte nicht allein ästhetische Gründe. Mit der ‹Verkleidung› der Randbebauung durch die Portiken nahm das Forum von Pompeji das Erscheinungsbild Roms mit seinen das Forum flankierenden Basiliken an. Es galt nicht nur wirtschaftliche Prosperität unter Beweis zu stellen, sondern auch die *romanitas* Pompejis vor Augen zu führen.

Mit den Neubauten aber änderte sich auch die alltägliche Nutzung des Platzes: Von nun an war die Überquerung des Forums mit Karren durch den Neubau der Hallen nicht mehr vorgesehen. Zwar hätten die großrädrigen Gefährte die Stufen zwischen Platz und Portikus leicht überwinden können, doch fehlen entsprechende Abnutzungsspuren. Auch die Zufahrten von Norden, Osten und Süden sperrte man durch Kalksteinblöcke bzw. einen Laufbrunnen. Nachdem das Forum auf diese Weise zur verkehrsberuhigten Zone geworden war, folgte erst ein Jahrhundert später, zu Beginn der Kaiserzeit, eine Neupflasterung des gesamten Platzes mit hellen Kalksteinplatten. Wenige Plattenfragmente mit Bettungen für große Bronzebuchstaben liefern die Gewissheit, dass auch das pompejanische Forum – wie etwa jenes in Rom oder Terracina – auf Veranlassung eines privaten Stifters hin erneuert worden war.

Mit den genannten Veränderungen präsentierte sich das Zentrum der Stadt in völlig neuem Licht: Kapitol und Basilika beherrschten nun die Szenerie. Die Aussperrung der Karren wirft allerdings die Frage auf, ob das Forum noch immer als Marktplatz genutzt wurde. Anzeichen dafür, den Markttagen und einzelnen Handelstätigkeiten gesonderte Areale vorzubehalten, gibt es ebenfalls bereits in vorrömischer Zeit. Dem Fisch- und Fleischmarkt (*macellum*) scheint noch im ausgehenden 2. Jh. v. Chr. ein eigenes Areal an der Nordostecke des Forums zugewiesen worden zu sein. Das Gebäude musste im frühen 1. Jh. n. Chr. nahezu vollständig erneuert werden, wurde beim Erdbeben 62 n. Chr. dann jedoch stark zerstört und war bis zum Jahr 79 noch nicht wieder ganz aufgebaut worden. Da es nach der endgültigen Verschüttung durch Plünderer weitgehend seiner Marmorbauteile beraubt wurde, können wir uns heute kein genaues Bild von der einstigen Markthalle machen. Durch Grabungen ist allerdings gesichert, dass bereits das erste Gebäude seine Nutzung mit der Ausübung eines Kultes, wahrscheinlich des Merkur, verband. Der Schutzgott der Händler und Kaufleute erhielt zu Beginn der Kaiserzeit dann einen neuen Kultraum. Hier fand man die bislang noch nicht identifizierten Statuen einer Frau als Priesterin und eines Mannes, der als Militär ausgewiesen ist. Bei den beiden dürfte es sich um die einheimischen Stifter handeln, die den Ausbau finanziert hatten.

Zahlreiche Funde von Gräten und Knochen bestätigen den Handel mit Fleisch und Fisch. Aus den Läden (*tabernae*) stammen zudem Überreste von Obst, Getreide und diversen Backwaren, und auf den nicht mehr ganz fertiggestellten Wänden zeigten Stilleben ein gehobenes Repertoire mediterraner Gartenfrüchte, weshalb das Gebäude auch als eine Art Viktualienmarkt bezeichnet worden ist.

Eine zweite Markthalle befand sich im Nordwesten an der gegenüberliegenden Ecke, nördlich vom Apollon-Heiligtum. Sie könnte dem Handel mit Gemüse und alltäglichen Produkten gedient haben. In die Frühzeit dieses Marktareals weist aber vor allem ein Eichtisch für Hohlmaße, der noch Reste der ursprünglichen oskischen Beschriftung trägt. Die spätere lateinische Inschrift, die die beiden höchsten Beamten Pompejis nennt, bezieht sich auf die Umsetzung einer augusteischen Reform und Vereinheitlichung der Maßeinheiten. Mit Hilfe des Eichtisches konnten sowohl Kunden wie auch Marktaufseher die Verwendung gültiger Scheffelmaße durch die Händler kontrollieren. Auch dieses heute von der Denkmalpflege als Magazin genutzte Gebäude – ein Blick durch die Gitter von außen lohnt sich gleichwohl – war 79 n. Chr. noch nicht fertiggestellt. Die neue langgestreckte Halle sollte sich zu den Forumsportiken öffnen. Der hier täglich zu erwartenden Menschenmenge trug man auch in anderer Hinsicht Rechnung: Direkt nördlich der Halle lag die einzige öffentliche, außerhalb von Thermen situierte Gemeinschaftslatrine der Stadt.

Während die intensive Bautätigkeit nahezu alle Ränder des Forums erfasste, blieben die Läden der Ostseite lange von Aufkauf und Neubauprojekten verschont. Dies ist am ehesten so zu erklären, dass die *tabernae* vormals in die Fassaden großer Wohnhäuser (*domus*) integriert und damit Grundeigentum der Hausbesitzer waren. Die Lage dieser *domus* direkt am Forum weist diese Häuser den führenden Familien der Stadt zu, ein Phänomen, das uns aus Rom vor allem durch literarische Zeugnisse gut bekannt ist. Möglicherweise suchten die Bewohner den Vorzug einer derart prominenten Wohnlage so lange wie möglich zu wahren. Erst mit Beginn der Kaiserzeit gab man die letzten *domus* am Forum auf und sorgte für eine Neubebauung des Terrains. Dies gilt auch für die Forum-Südseite. Jüngste Ausgrabungen durch V. Kockel (Univ. Augsburg) führten zu der wichtigen Erkenntnis, dass die drei Bauten dort erst gegen Ende des 1. Jh.s v. Chr., wohl anstelle älterer Häuser entstanden. Die Rückwand der alten Portikus wurde damals durch eine Säulenstellung ersetzt. Bei den drei bisher als magistratische Amtslokale gedeuteten Gebäuden könnte es sich auch der Form nach um Kaiserkulträume, etwa ein Augusteum, handeln. Dies passte bestens zu den gleichzeitigen Umbauten an der Ostseite.

Das unauffällige und zuletzt als Wahllokal (*diribitorium*) bezeichnete Gebäude an der Südostecke des Forums entstand gleichzeitig und ersetzte wohl ältere Läden. Der archäologische Befund ist rätselhaft, sodass diese Deutung Spekulation bleiben muss. Die breite Nische in der Mitte der Südwand und der offene, vielfältig zu nutzende Raum sprechen eher für eine öffentliche Funktion, vielleicht als Lokal städtischer Magistrate.

Mit Beginn der Kaiserzeit wird vormals privater Baugrund an der Süd- und Ostseite des Forums in öffentliche Nutzung überführt bzw. von Privatpersonen für kultische Zwecke gestiftet. Damit gewinnt der Platz erst spät jene Gestalt, die sich heute erahnen lässt. Auch bei den beiden südlich des Fisch- und Fleischmarktes entstehenden Gebäuden handelt es sich um ein Heiligtum zu Ehren des Kaiserhauses sowie den Tempel des Genius Augusti. Die südliche Anlage ist dagegen als drittes Marktgebäude gedeutet worden, zu unrecht, wie sich zeigen wird.

Der von der obersten städtischen Priesterin Eumachia gestiftete Bau besaß die prächtigste Fassade aller am Forum liegenden Gebäude. Aus zwei Inschriften an der Vorhalle zum Forum und über dem südlichen Eingang von der Via dell'Abbondanza geht hervor, dass Eumachia den gesamten Bau aus eigenen Mitteln finanzierte und in ihres und ihres Sohnes Namen der kaiserlichen Göttin der Eintracht und Frömmigkeit (*Concordiae Augustae Pietati*) weihte. Interessanterweise nennen die Inschriften mit ihrer Aufzählung von *chalcidicum, crypta* und *porticus* zwar einzelne Gebäudebestandteile, geben dem Bau insgesamt jedoch keinen Namen. Obwohl Archäologen sich bei der Identifikation der Termini einig sind und sie der Vorhalle (*chalcidicum*) sowie dem inneren und äußeren Umgang des Säulenhofes zuordnen, tut man sich bei der Deutung der Anlage nach wie vor schwer. Vom Grundriss her ist zu Recht die Ähnlichkeit zu einem Gebäude in Rom, der *Porticus Liviae*, betont worden. Der geschlossene Peristylbau war dem Dichter Ovid zufolge ebenfalls der Concordia geweiht. Das Eumachia-Gebäude scheint also Gestaltungsmerkmale hauptstädtischer Architektur übernommen zu haben. Auch die Fassade, die ursprünglich weitgehend oder gar vollständig mit Marmor verkleidet gewesen ist, und ihr aufwendiger Nischenprospekt, der Elemente des Augustus-Forums in Rom aufgreift, schließen eine Interpretation als Markthalle oder als säkularen Funktionsbau eher aus. Gegen eine solche Deutung sprechen auch die Hauptapsis mit der dort gefundenen Statue der *Concordia Augusta* und die Reste von Statuenbasen vor der südlichen Portikus.

Damit ist die lange vertretene Deutung des Eumachia-Baus als Wollmarkt, die auf die Stiftung einer Statue für Eumachia durch die Wollwäscher (*fullones*) zurückgeht, genauso abzulehnen wie die jüngst mehrfach geäußerte Ansicht, es handele sich um den städtischen Sklavenmarkt. Allein die Vorstellung, man habe die Sklaven in der *cryptoporticus* hinter Gittern gefangen gehalten und zu Versteigerungszwecken ins Freie geführt, entbehrt jeder Argumentationsgrundlage. Will man unbedingt an einer wirtschaftlichen Nutzung von Teilen des Gebäudes festhalten, dann ließe sich – trotz der reichen Fassade – an Versteigerungen in der Vorhalle denken, deren auffallende Tiefe und zwei seitliche Podien mit Treppenzugang sich dafür hätten eignen können. Auch das aber ist eher unwahrscheinlich. Innerhalb der großartigen Fassade eigneten sich die Podien viel eher für Ansprachen, etwa bei Festen zu Ehren der Concordia.

Die Beobachtung einer vielschichtigen Bezugnahme auf römische Bauwerke, deren Entstehung oftmals besser bekannt ist, ermöglicht letztendlich auch eine überzeugende Datierung des Gebäudes, das in den Jahren nach 2 n. Chr. und nicht erst in den 20er Jahren des 1. Jh.s n. Chr. entstanden sein muss.

Die Ausgrenzung und Konzentration wirtschaftlicher Tätigkeiten in eigens dafür vorgesehenen Arealen und die repräsentative Aufwertung des Forumsplatzes und seiner unmittelbaren Randbebauung beginnen somit durchweg bereits in vorrömischer Zeit, finden aber nach längerer Unterbrechung erst in der frühen Kaiserzeit ihren Abschluss. Diese andauernde Bautätigkeit, aber auch die Multifunktionalität des städtischen Zentrums an sich, bedingten jene lebendige Heterogenität des architektonischen Ensembles, die den Platz auch kurz vor der Verschüttung noch prägte. Im Vergleich zu den älteren Bauwerken stachen die kaiserzeitlichen Gebäude der Ostseite durch ihre marmorverkleideten Fassaden sofort heraus. Wenn davon heute fast nichts mehr zu sehen ist – dem geübten Blick werden hingegen die regelmäßig über die Wände verteilten Dübellöcher der marmornen Verkleidungsplatten nicht entgehen –, dann hat dies nicht etwa mit der ausgebliebenen Reparatur nach dem Erdbeben zu tun, sondern mit einem systematisch vollzogenen Steinraub bald nach dem Vesuvausbruch. Das Forum war in den Jahren vor der Eruption nicht verwaist, sondern nach wie vor politisches Zentrum. Die hier zwischenzeitlich wiedererrichteten Statuen für verdiente Bürger und Angehörige der Kaiserfamilie wurden von Plünderern geraubt, die sich in dem offenen Areal leicht orientieren und sich durch die hier nicht sehr mächtigen Schichten an Vesuvasche hindurchgraben konnten.

Offizieller Kult und individuelle Religiosität – Heiligtümer und Altäre

Auch nach der Neugestaltung des Forums im Laufe des 2. Jh.s und der Errichtung des Iuppiter-Tempels für die neue Stadtgottheit blieb das Apollon-Heiligtum eines der wichtigen kultischen Zentren. Dies zeigt sich unter anderem daran, dass zum Forum drei weite Durchgänge geöffnet blieben (und erst modern zugemauert wurden), die damals Hauptzugang zum Heiligtum waren (Abb. 6). Kurz nach seiner Neuerrichtung hatte der Tempel einen neuen kostbaren Fußboden und auch den Altar sowie die Freitreppe erhalten. Die Parallele zur breiten Treppe und dem großen Altar des *capitolium* könnten dafür sprechen, dass Formen des Kultes, etwa das Opfer unterhalb des Giebels und das anschließende Betreten des Tempelinneren (*cella*), der Verehrung der kapitolinischen Trias im Haupttempel angeglichen wurden. Darüber hinaus zeugen eine Reihe von privaten Weihegaben von der anhaltenden Popularität des Apollon-Heiligtums bis in die Kaiserzeit hinein. Neben den bekannten Bronzestatuen des Apoll und der Diana gehören zur Ausstattung auch zwei Hermen des Merkur und wohl seiner Mutter Maia sowie die frühkaiserzeitliche Stiftung einer Sonnenuhr vor dem Tempel.

Ähnliches gilt auch für das zweite, bis in die Frühzeit der Siedlung zurückreichende Heiligtum, das Hercules und Minerva geweiht war (Abb. 7). Es lag außerhalb der Altstadt am Südrand des Plateaus auf einem etwa dreieckigen Sporn über dem steil abfallenden Teil des Geländes. Der Form dieses Sporns folgend bezeichnet man es modern als Forum Triangolare. An dieser Stelle hatte man bereits im 6. Jh. einen dorischen Tempel errichtet, von dem heute nurmehr das Fundament vorhanden ist. Seine Lage war so exponiert, dass er von weither, vor allem vom Meer aus, sichtbar gewesen sein muss. Als einer von wenigen antiken Tempeln wies er an seiner Fassade eine ungerade Zahl von Säulen, nämlich sieben, auf. Zu Seiten der Mittelsäule führten wohl zwei Zugänge in das Innere des Tempels.

In seiner *cella* gab es zwei getrennte Basen für separate Kultbilder. Die beiden Gottheiten Hercules und Minerva dürften

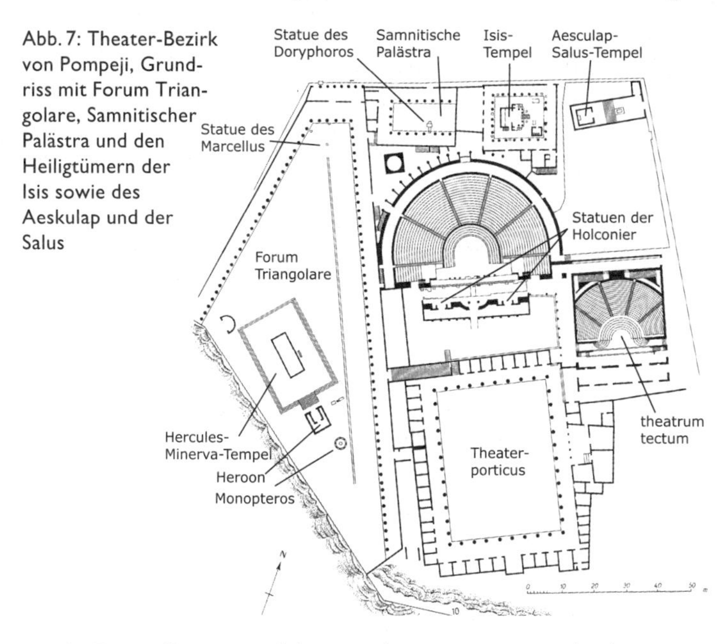

Abb. 7: Theater-Bezirk von Pompeji, Grundriss mit Forum Triangolare, Samnitischer Palästra und den Heiligtümern der Isis sowie des Aeskulap und der Salus

uns in Darstellungen auf den zugehörigen Stirnziegeln des Daches überliefert sein. Ihre Datierung um 300 v. Chr. bezeugt eine weitreichende Reparatur des Tempels in dieser Zeit. Bei der weiblichen Gottheit handelt es sich nach Ausweis des Helmes um Minerva. Dies wird durch eine spätere oskische Fassadenaufschrift (*dipinto*) aus der Nähe des Heiligtums bestätigt. Die andere Gottheit wird Hercules gewesen sein, der auf einer zum Tempelschmuck gehörigen Reliefplatte wiedergegeben ist. Die Mittelsäule der Front trennte daher wohl zwei, den beiden Gottheiten geltende, separate Zugänge zur *cella*.

Ansonsten fassen wir Einzelheiten der Geschichte dieses Heiligtums wiederum erst seit dem späten 2. Jh. Vor allem ein Tiefbrunnen, dessen Schacht von einem kleinen Rundtempel eingefasst und überwölbt wurde, fällt auf. Die zugehörige oskische Inschrift verzeichnet ihn als Stiftung eines *meddix*. In Analogie zu anderen Beispielen ist plausibel vermutet worden, dass der Brunnen eine Orakelstätte gewesen ist, ein weiterer Hinweis auf das

Alter des Heiligtums. Etwa zeitgleich mit dem Monopteros erhielt das Forum Triangolare zwei die Langseiten des Platzes rahmende Säulenhallen sowie ein monumentales Eingangstor im Norden. Der Verehrung des Hercules als Heros könnte auch ein vierseitig ummauerter Bezirk unmittelbar vor dem Tempel gedient haben, der als Heroon angesprochen wird und eventuell in der Frühzeit der Kolonie (nach 80 v. Chr.) angelegt worden ist.

Aus der Kaiserzeit stammen schließlich eine halbrunde Sitzbank mit einer Sonnenuhr, die – zusammen mit seinem Kollegen – von demselben *duumvir* gestiftet worden ist wie jene im Apollon-Heiligtum. Direkt beim Eingang ließ der Stadtrat dem Marcellus, dem Neffen des Augustus und Patron der Stadt (*patronus coloniae*), eine Statue auf hohem Sockel errichten.

In unmittelbarer Nachbarschaft, nördlich vom Theater, befand sich ein weiteres Heiligtum, jenes der Isis (Abb. 7). Zusammen mit dem Theater wurde es bereits in den 1760er Jahren ausgegraben, als eines der ersten öffentlichen Gebäude der Stadt. Seine Berühmtheit verdankt es dem guten Erhaltungszustand seiner Fresken sowie der Tatsache, den Ort eines ägyptischen Kultes in Pompeji zu überliefern. Bereits unmittelbar nach seiner Freilegung erregte es unter den europäischen Intellektuellen großes Aufsehen und trug wesentlich zur Ägypten-Faszination der folgenden Jahrzehnte bei, aus der – als einer ihrer Höhepunkte – Mozarts Oper ‹Die Zauberflöte› von 1791 hervorgegangen ist. Noch 40 Jahre später rückte Edward Bulwer-Lytton den Isis-Kult und seinen Priester in seinem bereits eingangs erwähnten Roman ‹The last days of Pompeii› in den Mittelpunkt des Geschehens.

Im Vergleich zu den zuvor genannten Gottheiten wurde der Isis-Kult wahrscheinlich erst im Laufe des 2. Jh.s in der Stadt heimisch, reicht also nicht in die Frühzeit der Siedlung zurück. Die erhaltenen Architekturglieder aus Tuff beweisen jedoch eine Entstehung des Heiligtums spätestens gegen Ende des 2. Jh.s, auch wenn wir infolge späterer Umbauten von der ersten Anlage keine genaue Vorstellung mehr gewinnen können. Nur soviel lässt sich sagen, dass das ursprüngliche Heiligtum zwar über dieselbe Portikus, nicht aber über derartig zahlreiche Nebenräume verfügte. Unabhängig davon aber zählt das Iseum Pompejis zu den ältesten bekannten Anlagen dieser Art in Italien und bezeugt die Übernahme fremder Kulte schon in vorrömischer Zeit.

Das bei dem Erdbeben im Jahre 62 stark zerstörte Heiligtum ist im Gegensatz zu anderen Sakralgebäuden sehr schnell wieder aufgebaut und ausgemalt worden. Der kleine Tempel beherbergte auf breiter Basis nicht nur die Kultbilder der Isis und des Serapis, sondern enthielt in zwei seitlichen Nischen auch noch Statuen des Harpokrates und Anubis. Über einen kleinen, im Südosten des Säulenhofes gelegenen Bau gelangte man unter die Erde zu einem Becken, welches das für den Kult zu Reinigungszwecken essenzielle ‹Nilwasser› enthielt.

Die Ausstattung entsprach allerdings einem typisch römischen Heiligtum. Entlang der Portikusrückwände fanden sich Nischen, Statuenbasen und Hermen, die mit Genehmigung der Stadtoberen dort platziert worden waren. Neben Statuen der Venus und der Isis hat sich auch die Herme des Schauspielers Norbanus Sorex erhalten, von der ein zweites Exemplar im Eumachia-Gebäude aufgestellt war. Einige Inschriften belegen, dass es bei durchgängig einfacher Herkunft der Stifter vor allem ein Freigelassenen-Zweig der alteingesessenen Popidier gewesen ist, deren Angehörige sich um die Ausstattung des Tempels verdient machten. Ein Popidius Ampliatus hatte eine Bacchus-Statuette bezahlt, die an der Rückseite des Tempels in einer Nische Aufstellung fand, während der Boden des wichtigsten Saales im Namen seiner Frau und der beiden Söhne erneuert wurde. Funde deuten auf seine Nutzung als Ort der Kultmahle hin. Mythologische Fresken aus der Renovierungsphase (Vierter pompejanischer Stil) zeigen die Szenen der Io-Sage in Ägypten, und an der Rückwand fand sich eine Basis, auf der einst die überlebensgroße, aus Marmor und Holz gefertigte Statue der Isis stand.

Über dem Haupteingang des Heiligtums las man eine Inschrift (heute restauriert), die den sechsjährigen Numerius Popidius Celsinus als Bauherrn nannte, der den Isis-Bezirk aus Trümmern wieder aufgebaut habe. Als Dank dafür sei er sofort in den Stadtrat aufgenommen worden. Hintergrund dieses merkwürdigen, jedoch äußerst signifikanten Vorgangs ist der Status des Vaters. Dieser war ein Freigelassener, das heißt ein ehemaliger Sklave.

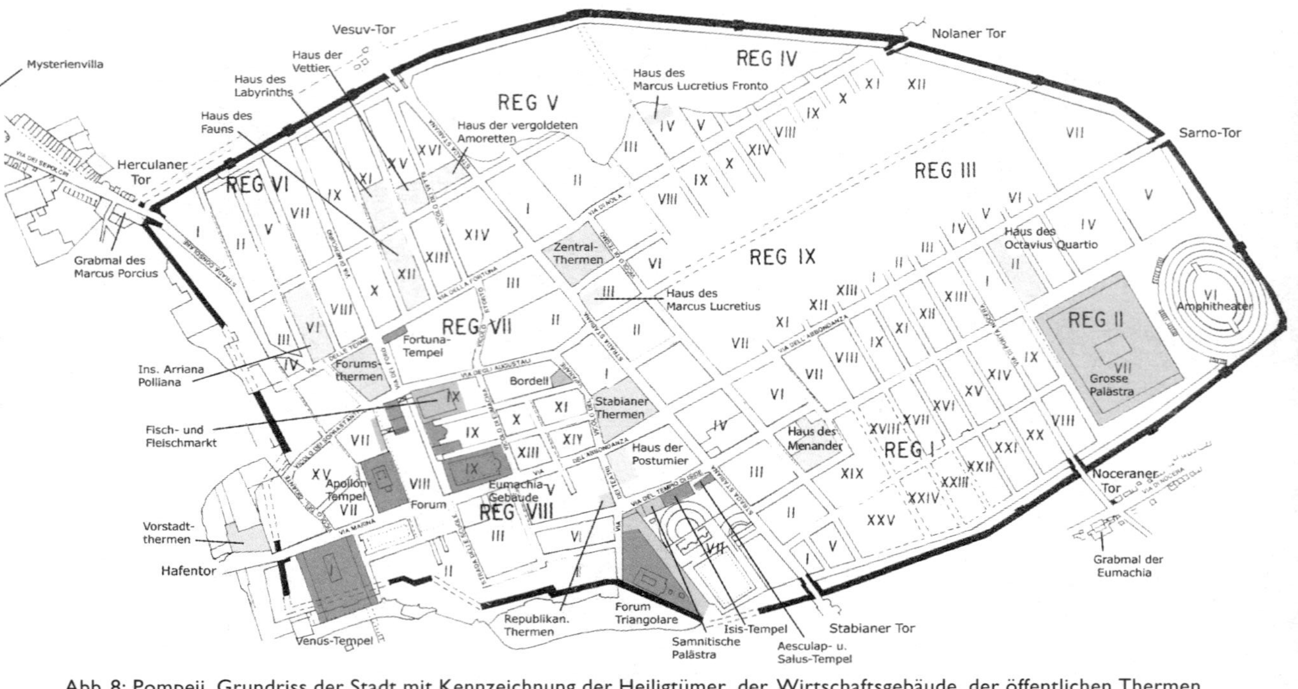

Abb. 8: Pompeji, Grundriss der Stadt mit Kennzeichnung der Heiligtümer, der Wirtschaftsgebäude, der öffentlichen Thermen und der im Text erwähnten Wohnhäuser

Erst sein Sohn konnte also das volle römische Bürgerrecht in Anspruch nehmen. Um ihm eine politische Karriere und entsprechendes Ansehen zu sichern, hatte der Vater das Heiligtum offiziell im Namen seines Sohnes renovieren lassen.

Ist über die Bedingungen der Ortswahl für das Isis-Heiligtum direkt beim Theater nichts Näheres bekannt, so zeigt der Befund eines weiteren, in der Nachbarschaft an der Via Stabiana gelegenen kleinen Tempels, wie schwierig die räumliche Integration fremder Kulte in die Stadt sein konnte (Abb. 7). Entgegen der lange Zeit vertretenen Zuschreibung an Zeus Meilichios wird es sich nach einem Statuenfund aus der *cella* wohl eher um das Heiligtum für Äskulap und Salus handeln. Der Kult für die Gottheiten der Heilkunst dürfte im Laufe des früheren 1. Jh.s v. Chr., vielleicht auf Initiative einiger Neubürger der Stadt, nach Pompeji transferiert worden sein. Dafür spricht seine Lage im östlichen Randstreifen des Theater-Bezirks, in den parallel zum Tempel auch das kleine Theater für die Kolonisten eingefügt wurde. Das zwischen ältere Häuser gezwängte, äußerst bescheidene Äskulap-Heiligtum scheint sich, wie mehrere Altäre beweisen, größerer Beliebtheit erfreut zu haben. Die aus Ton gefertigten und bis in die Kaiserzeit tradierten Kultbilder sprechen allerdings dafür, dass die Mitglieder seiner Gemeinde nicht zu den wohlhabendsten Bürgern zählten.

Wie anders das im Falle eines gewichtigen Protektoren aussah, beweist die Gründung des Venus-Tempels direkt westlich von der Basilika, über dem Steilabfall an der Südwestecke der Stadt (Abb. 8). Die Gründung des Heiligtums ist sehr wahrscheinlich mit der Erhebung Pompejis zur *Colonia Cornelia Veneria Pompeianorum* durch den Neffen Sullas, Publius Cornelius Sulla, zu verbinden und deshalb in die Jahre um 80 v. Chr. zu datieren. Die hervorragende Lage des Heiligtums über der Südwestecke der Stadt, mit weiter Aussicht auf das Meer und die Inseln, war bis zur Errichtung des neuen Baus natürlich nicht ungenutzt geblieben. Nach der Niederlage Pompejis gegen die Römer stellten der Abriss der Stadtmauer an dieser Stelle und die anzunehmende Enteignung der alten Besitzer kein wirkliches Problem dar.

Vom ersten Heiligtum dieser Jahre ist nicht mehr viel zu erkennen, da es zunächst in der frühen Kaiserzeit umgebaut und dann durch das Erdbeben weitgehend zerstört worden war. Zum Zeitpunkt des Vesuvausbruchs hatte man die erneute Renovierung noch nicht beendet, was mit dazu beigetragen haben kann, dass auch hier das Gros der Marmorbauteile der Plünderung anheimfiel.

Dennoch ist Folgendes festzuhalten: Der Tempel stand auf einer von hohen Stützgewölben getragenen, künstlichen Terrasse direkt über dem Hafen. Diese Substruktionen wurden als Kontore und Lagerräume genutzt. Die darüberliegende Terrasse erreichte die stattlichen Ausmaße von 67 × 55 Metern. In ihrem Zentrum, etwas nach Norden verschoben, erhob sich der Tempel, der nur unwesentlich kleiner als das *capitolium* war. Wie eine Reihe anderer spätrepublikanischer Terrassenheiligtümer Mittelitaliens, so wurde auch diese Tempelterrasse von einer dreiseitigen Portikus eingefasst.

Die hier verehrte *Venus* wurde als persönliche Schutzgottheit des Sulla auch neue Patronin der Stadt. Wie zuletzt Filippo Coarelli betonte, floss in diesen neuen ein alter Kult der Venus Fisica ein, einer Gottheit, die ihren Ursprung in der samnitischen Göttin Mefitis hatte. Diese hatte man nicht wie die griechische Venus als Göttin der Liebe und Fruchtbarkeit, sondern als Garantin von Verträgen verehrt. Vor dem Hintergrund dieser Tradition wird die auf den ersten Blick unübliche Darstellungsweise der pompejanischen Venus verständlich. Die Göttin erscheint in langer Tunika und mit Mantel, Diadem und Szepter, eben als herrschende Stadtgottheit.

In kultischer Hinsicht veränderte sich in den ersten Jahrzehnten Pompejis als Kolonie bemerkenswert wenig. Ein Wandel setzte erst mit dem Beginn der Kaiserzeit ein. Die ersten Neubauten nach dem Regierungsantritt des Augustus dienten überwiegend kultischen Zwecken und sind fast alle in unmittelbarer Nähe des Forums errichtet worden (Abb. 6).

An dieser Stelle ist auf die östliche Bebauung des Forums und die schon angesprochene Interpretation des Eumachia-Gebäudes zurückzukommen. Entgegen der noch immer vertretenen

Deutung, es sei ein wirtschaftlicher Zweckbau gewesen, wurde hier eine Interpretation des Gebäudes als politisch-religiös motivierte Anlage vorgeschlagen. Seine Weihung an die *Concordia Augusta* stellte eben auch eine Form der Kaiserverehrung dar.

Das gilt gleichermaßen für den im Norden anschließenden Nachbarbau. Seine weitgehend akzeptierte Identifizierung als Tempel des kaiserlichen Genius, des *Genius Augusti*, beruht auf einer nur fragmentarisch überlieferten Inschrift. Diese weist die Priesterin Mammia als Stifterin aus: Sie habe das Heiligtum aus privaten Geldern und auf eigenem Grund und Boden errichtet. Vor allem letzteres könnte dafür sprechen, dass sich hier zuvor eine *domus* der Familie der Mammii befunden hatte.

Der Bau des neuen Kultbezirks ist mit der Neuordnung des Laren-Kultes in Rom zu verbinden und daher in die Jahre unmittelbar nach 7 v. Chr. zu datieren. Er wird also etwas früher als das Gebäude der Eumachia ausgeführt worden sein. Der Tempel für den Genius Augusti wäre demnach das erste Gebäude gewesen, das auf private Initiative hin an der Ostseite des Forums entstand.

Seine dortige Lage wurde durch die ältere Bebauung entscheidend mitbestimmt, wie an der Berücksichtigung der südlich angrenzenden Gasse erkennbar ist (Abb. 8), die die Grenze zwischen Eumachia-Bau und Genius-Bezirk festlegte. Der Neubau unterbrach den Verlauf des Sträßchens und sperrte damit auch einen alten Zugang zum Forum. Für den Tempel bedeutete dies, neben seiner zentralen Position an der Ostseite, eine zusätzliche Aufwertung: Der neue Bau zu Ehren des kaiserlichen Genius lag dem Heiligtum des alten Schutzgottes Apoll, das nach wie vor hohes Ansehen genoß, genau gegenüber.

Durch punktuelle Grabungen A. Maiuris wissen wir, dass der frühkaiserzeitliche Bezirk nicht wesentlich anders ausgesehen hat als jener der Zeit nach 62 n. Chr. Im Zentrum des hofartigen Areals stand ein reliefierter Marmoraltar, der neben einer Opferszene die Attribute der wichtigen römischen Priesterkollegien zeigt. Die Wände des Bezirkes wurden durch Pilaster gegliedert und die Felder zwischen ihnen wechselweise von Rund- und Spitzgiebeln bekrönt. Diese Ordnung findet sich identisch auch an der nördlichen, östlichen und südlichen Außenfassade des Eumachia-Gebäudes wieder: Die beiden in zeitlich geringem Abstand voneinander errichteten Bauten, die beide dem Kaiserkult dienten, wurden auch in ihrer äußeren Erscheinung einander angeglichen.

Die verbliebene Baulücke zwischen Genius-Tempel und dem *macellum* schloss man mit einem weiteren Kultbezirk, dessen genaue Funktion bzw. Bezeichnung heute nicht bekannt sind. Das hat auch mit der unspezifischen Gliederung des Bezirks zu tun. Wie letztlich bei allen Bauten der Ostseite, waren der Eingang, ein Hof, der einen Altar aufnehmen konnte, und die Statuenbasis in Nische oder Apsis exakt in der Achse des Gebäudes angeordnet. Hinzu kommt, dass die Verehrung des Kaisers bzw. der gesamten Kaiserfamilie auf sehr unterschiedliche Weise, etwa auch durch den Kult für seinen Genius, erfolgen konnte. Da Inschriften und Ausstattung in diesem Fall nicht überliefert sind, kann nur allgemein von einem Kaiserkultbezirk gesprochen werden. Ruft man sich vor diesem Hintergrund jetzt noch einmal den Befund im *macellum* mit der dortigen Kultnische (*sacellum*) in Erinnerung, dann fällt auf, dass sämtliche Gebäude der Ostseite des Forums unter anderem auch dem Kaiserkult und der Verehrung von Gottheiten dienten, die man unmittelbar mit dem Kaiserhaus verband.

Das Bedürfnis, diese Form von Loyalität öffentlich zum Ausdruck zu bringen, ist unter den führenden Familien Pompejis – und die Stadt ist diesbezüglich kein Sonderfall – gerade zu Beginn der Kaiserzeit sehr stark gewesen. So entstand zeitgleich mit den anderen Bauten ein Tempel für Fortuna Augusta, der nur wenige Meter weiter nördlich, zwar außerhalb des eigentlichen Forums, aber direkt an der verkehrsträchtigen Kreuzung der alten Via di Mercurio und der wichtigen Via della Fortuna lag (Abb. 8). Auch dieser Bau geht auf eine private Initiative zurück, jene des Marcus Tullius, der ihn aus eigenen Mitteln und auf eigenem Grund errichtete. Der Mann war angesehen, führte den Ehrentitel eines Militärtribuns (*tribunus militum*) und war offensichtlich bemüht, die Lage außerhalb des Forums durch einen umso eindrucksvolleren Bau auszugleichen. In der Form eines italischen Tempels auf hohem Podium, mit einer tiefen säulenreichen Vorhalle und vor allem aus Marmor erbaut, ragte das Gebäude aus der umgebenden Bebauung markant heraus. Seine Wirkung muss imposant gewesen und noch dadurch gesteigert worden sein, dass kein Vorplatz existierte, der es erlaubt hätte, den Tempel aus einiger Distanz zu betrachten. Der Fortuna-Kult wurde von Sklaven und Freigelassenen praktiziert. Die für den Kult Verantwortlichen sind aus Inschriften als *ministri Fortunae Augustae* bekannt. Neben der traditionellen Verehrung des Merkur als der Schutzgottheit der Händler und Kaufleute in den *macella* fassen wir hier einen zweiten Kultort, dessen wesentliche Funktion auch darin bestand, die Angehörigen niederer sozialer Schichten in die Kaiserverehrung einzubeziehen und so – gerade im Rückblick auf den Bürgerkrieg gegen Marcus Antonius und Kleopatra – die Eintracht (*concordia*) des römischen Volkes zu stärken.

Der Kult für die alteingesessenen Götter und die Verehrung des Kaiserhauses stellen allerdings nicht die einzigen Formen städtischer Religiosität dar – auf die Altäre innerhalb der Wohnhäuser wird an gegebener Stelle zurückzukommen sein. Mit Blick auf die in der Öffentlichkeit vollzogenen kultischen Handlungen muss hier zunächst eine Gruppe von Monumenten erwähnt werden, deren archäologische Dokumentation und Untersuchung noch nicht in ausreichendem Maße erfolgt ist. Es handelt sich dabei um kleine Straßenaltäre, die sich aufgemauert, als kleine Nischen oder aber als bloße Wandmalereien bevorzugt an Kreuzungen der Stadt finden. Die schon in der Antike nur flüchtig aufgebauten Steinsockel und Kultnischen haben erst zuletzt Beachtung gefunden, sind oftmals aber ohne besondere Sorgfalt restauriert worden. In wenigen Fällen aber zeigen Reste ihrer Malerei Opfer- oder Prozessionsszenen, sodass man sie als kleine Zentren eines nachbarschaftlichen Kultgeschehens verstehen kann. Diese kleinen Schreine dienten in der Regel dem Kult der *lares compitales*, Schutzgottheiten des Ortes, die auch um das individuelle Wohlergehen und die Sicherung des Besitzes angerufen wurden.

Ihre Verteilung über das Stadtgebiet weist große Lücken auf, die möglicherweise mit der unzureichenden Dokumentation der frühen Ausgrabungen und dem zwischenzeitlichen Verlust von Fresken zu tun haben. In den besser dokumentierten Quartieren wie den südöstlichen Regionen I und II zeichnen sich jedoch Konzentrationen ab, die die Deutung als Stätten eines Nachbarschaftskultes rechtfertigen. Ohne dass zu den Kultpraktiken selbst Genaueres ausgesagt werden könnte, werden hier Formen lokaler Religiosität sichtbar. Sie lassen nicht nur die Einbindung der Anwohnerschaft anschaulich werden, sondern markieren auch die Distanz zu jener Sphäre, in der sich die Bemühungen der städtischen Elite um eine angemessene Verehrung des Kaiserhauses abspielte.

Vom Training zur Körperpflege – Luxusbäder statt Sportstätten

Die Frage nach Aussehen und Datierung des ältesten öffentlichen Bades in Pompeji hat die Gemüter über lange Jahre bewegt, denn die behauptete Entstehung der Stabianer Thermen im 6. oder spätestens 5. Jh. v. Chr. (Abb. 9) konkurrierte mit der angeblich zeitgleichen Errichtung eines Bades in Olympia und beanspruchte damit den Titel der ältesten europäischen Badeanlage.

Seit Herbst 2015 laufen archäologische Untersuchungen der beiden ältesten pompejanischen Badehäuser, der bekannten Stabianer Thermen (Abb. 9) und der nordwestlich vom Foro Triangolare (Abb. 7) gelegenen sog. Republikanischen Thermen (s. u. 63 ff.). Unter Leitung von M. Trümper (FU Berlin) sowie unter Beteiligung der Universitäten Freiburg und Oxford werden die Bau- und Nutzungsgeschichte beider Anlagen erforscht. Die bisherigen Ergebnisse bestätigen die erwartete späte Datierung nicht vor dem 2. Jh. v. Chr. Damit reiht sich Pompeji in die auch andernorts zu beobachtende Modernisierung städtischer Badehäuser in dieser Zeit ein. Bei zwei nahezu gleichzeitig entstandenen Anlagen aber gilt es die spannende Frage nach dem Verhältnis der ‹benachbarten› Badehäuser zu klären (s. S. 63).

Vor allem die viel besser erhaltenen Stabianer Thermen erlau-

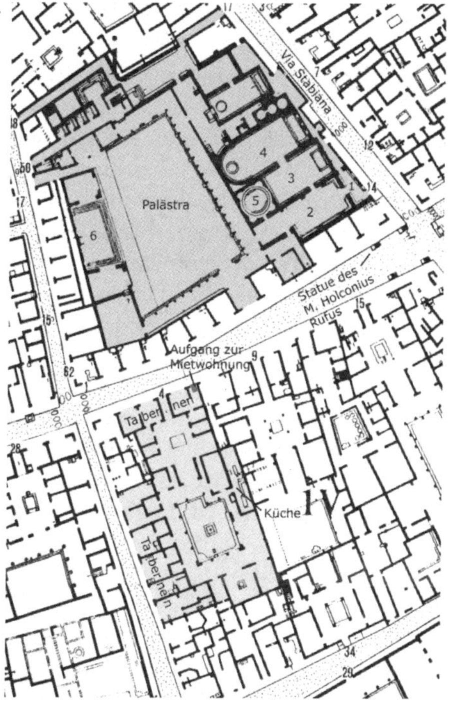

Abb. 9: Pompeji, Grundriss und Umgebungsplan der Stabianer Thermen (VII 1) mit dem gegenüberliegenden Haus der Postumier (VIII 4, 4.49)

ben es, Grundriss und Ausstattung als Hinweise auf spezifische Nutzungsformen hin zu verstehen. Soviel ist im Moment sicher, dass das älteste Badehaus noch nicht die Ausmaße der späteren Anlage hatte; im Westen existierte ein ansehnliches Wohnhaus, dessen genaue Erstreckung sich bei den Grabungen noch nicht feststellen ließ. Von Beginn an aber verfügte das Bad – das beweist eine spätere Inschrift – über eine Säulenhalle und eine Freifläche (*palaestra*). Als ursprüngliche Orte griechischer Gymnasien waren Letztere Trainingsstätten der Athleten. Wie ihre Lage und Zugänglichkeit zeigen, standen sie auch in den Stabianer Thermen noch in dieser Tradition.

Die genannte Inschrift beweist, dass im Zuge einer Renovierung durch die ‹Bürgermeister› C. Vulius und P. Aninius kurz nach 80 v. Chr. Portikus und Palästra erneuert und ein Schwitzbad sowie ein Raum zur Körperpflege errichtet wurden. Sowohl die Außenfassaden aus grauen Tuffquadern als auch die Raumverteilung im Inneren sprechen dafür, dass Palästra, Säulenhalle und angrenzende Baderäume bei diesem Umbau weitgehend ihre heute sichtbare Gestalt erhielten. Nur die im Westen vorhandenen Säle und das Schwimmbecken (6) entstanden erst in der Kaiserzeit, nachdem das dortige Wohnhaus aufgegeben worden war. Von den angrenzenden Straßen aus führten insgesamt fünf Eingänge über längere Korridore in den Badekomplex hinein. Während die beiden nördlichen im kleinen zweiräumigen Badetrakt endeten, erschlossen die anderen drei den großen Badebereich mit Palästra und Portikus. Daraus kann zuversichtlich geschlossen werden, dass die Benutzung des Badehauses nach Geschlechtern differenziert erfolgte: die Frauen sollten weder Trainingsfeld noch Wandelhalle nutzen.

Wie die Inschrift auch zeigt, war die Anlage mit öffentlichen Geldern renoviert worden, muss also städtischer Besitz gewesen sein. Es entspricht wirtschaftlichem Kalkül, wenn man zur südlichen Via dell'Abbondanza hin Läden und Werkstätten (*tabernae*) anlegte, die man vermietete und deren Einnahmen der Stadtkasse zugeführt wurden. Es läge auf der Hand, mit diesen Einnahmen den Betrieb der Thermen zu finanzieren. Dass solche *tabernae* an der östlichen Via Stabiana fehlten, bleibt jedoch merkwürdig. Die durchlaufende Tuffquaderfassade machte den Komplex nach außen als einheitlich geplantes Gebäude von enormen Ausmaßen erkennbar. Nur die aufwendig geschnittenen Türgesimse der schmalen Eingänge ließen den Luxus und die Muße erahnen, denen man sich im Inneren hingeben konnte.

Insbesondere das Männerbad zeigt mit seinen sechs Räumen bereits eine bemerkenswerte Differenzierung des Badevorgangs. Anders als der heutige Besucher gelangte man damals über die Eingänge im Süden oder Osten direkt in den Badetrakt und nicht erst in die *palaestra*. Der größeren Anschaulichkeit wegen sei hier das Betreten von der Via Stabiana aus beschrieben. Den alten Eingang nutzend, folgte man einem dunklen Vorraum in einen gepflasterten, mit umlaufender Bank und zwei größeren

Abb. 10: Pompeji, Männerumkleideraum (*apodyterium*) in den Stabianer Thermen mit farbig gefasster Stuckdekoration (um 70 n. Chr.)

Fenstern ausgestatteten Umkleideraum (1). Im nächsten großen Saal (2) mit einem eindrucksvollen, stuckierten Tonnengewölbe gab es Wandfächer zur Aufbewahrung der Kleidung (Abb. 10). Der aufmerksame Besucher wird Spuren dieser frühen Ausstattung der Säle auch im benachbarten Warmbaderaum (*tepidarium*, 3) und im Heißbad (*caldarium*, 4) beobachten. Die Gefache hier wurden allerdings im 1. Jh. n. Chr., im Zuge des Einbaus von Wandheizungen, zugesetzt. Dank der bemerkenswerten Größe der Räume enthielt hier selbst das *tepidarium* an seiner Ostseite eine Wanne, die ein Ganzkörperbad ermöglichte. Am Ende des Badegangs suchte man dann das Kaltwasserbecken (*frigidarium*, 5) auf, einen Rundraum mit Resten wunderbarer Gartenmalereien, der in seiner ersten Phase vermutlich jenes *laconicum* (Schwitzbad) war, das die Bürgermeister einst angelegt hatten. Die damalige Kühlung dürfte einzig in einem flachen Schöpfbecken (*labrum*) im *caldarium* bestanden haben.

Erst die weiteren Umbauten der frühen Kaiserzeit beinhalten dann die deutliche Aufwertung des Badens. Das *caldarium* erhielt eine geräumige Apsis mit neuem *labrum*, und auch die Feuerung der Boden- und neuen Wandheizung scheint verbessert worden zu sein. Im Außenbereich errichtete man den Westflügel mit der großen *natatio* (6). Diese Veränderungen führten schließlich zu der Entscheidung, einen der Läden aufzugeben und so den Haupteingang an die Südseite zu verlegen. Dabei kam es offensichtlich auf die repräsentative Öffnung der Thermen zur Via dell'Abbondanza an. Der breite und mit Travertinplatten gepflasterte Eingang mündete direkt in die *palaestra*, die von diesem Zeitpunkt an vornehmlich als gartenähnliches Peristyl benutzt worden sein dürfte. Die im Schatten der Südportikus vorhandenen Steinbänke deuten darauf hin, dass man die Säulenhalle gerne als ruhigen Wandelgang nutzte.

Obwohl das Männerbad der Thermen 79 n. Chr. noch nicht ganz wiederhergestellt gewesen ist, vermitteln seine Räume und die Fassadenwände des Schwimmbeckens in der *palaestra* den anschaulichsten Eindruck von der zeitgemäßen Ausstattung städtischer Bäder in den letzten zwei Jahrzehnten Pompejis. Neben den Marmorfußböden sind es vor allem die reichen Stuckreliefs, aber auch Fresken, mit einer Vielzahl von mythologischen Figuren und den kunstvoll aufeinandergetürmten, filigranen Architekturprospekten, die den Eindruck von Luxus und Leichtigkeit vermitteln sollten.

Es wird kein Zufall sein, wenn wenige Jahre nach der Erhebung zur Kolonie, und also in Verbindung mit der Ansiedlung von möglicherweise bis zu 2000 Kolonisten und ihrer Familien (die genaue Größenordnung ist unbekannt), in unmittelbarer Nähe des Forums ein drittes Bad errichtet wird (Abb. 8). Zwei in die Jahre um 70 v. Chr. zu datierende Inschriften, die möglicherweise über den Eingängen angebracht gewesen sind, unterrichten uns über die Finanzierung der Forumsthermen aus öffentlichen Mitteln. Dazu muss das Straßengeviert, dessen ältere Bebauung unbekannt ist, zuvor von der Kommune erworben oder aber im Zuge der Kolonisierung enteignet worden sein.

Die enge bauliche Verschränkung des einen Badetraktes im

Inneren der Insula mit den ihn umgebenden Läden beweist, dass Letztere ebenfalls öffentlicher Besitz waren und gepachtet werden konnten. Außerdem findet sich an der Nordseite des Komplexes ein direkt in das Obergeschoß führender Zugang, der ein sicheres Indiz für das Vorhandensein von eigenständigen Wohneinheiten ist, die gleichfalls vermietet werden konnten. Damit entpuppt sich die Bebauung der gesamten Insula als äußerst geschickt geplante Anlage, die einerseits das männliche Allgemeinwohl förderte, zugleich aber den Unterhalt der Thermen und zusätzlichen Profit garantierte.

Interessanterweise besaßen die Forumsthermen zunächst nur einen Badetrakt für Männer – den kleinen Frauenbereich im Nordwesten erbaute man erst nachträglich – und eine als Trainingsplatz kaum mehr ernst zu nehmende *palaestra*. Folglich könnte das Bad anfangs überwiegend älteren Männern als Treffpunkt gedient haben, jenen eventuell, die den Vormittag über am Forum zu tun hatten. Die Forumsthermen wären dann in erster Linie als Bäder für die Kolonisten erbaut worden, ehe sie später, mit Errichtung des Frauentrakts, einen öffentlicheren Charakter annahmen.

Wie sehr der entspannende Badbesuch ohne körperliches Training in den Jahrzehnten um die Mitte des 1. Jh.s v. Chr. an Wertschätzung gewann, geht schließlich aus der Einrichtung hauseigener Bäder (*balnea*) in den größeren Stadthäusern hervor. Dabei überrascht nicht, dass es sich in der Regel um größere Häuser handelt, die solchen Luxus boten. Entgegen herkömmlicher Einschätzungen galten die *balnea* aber gerade nicht nur familiärer Gesundheit und Entspannung. Lage und Ausstattung der Privatbäder in unmittelbarer Nähe der Gesellschaftsräume offenbaren ihre Nutzung im Zusammenhang mit den abendlichen Empfängen zu Gastmahlen. Der Luxus bestand hier offensichtlich darin, sich die weiten Wege zu den Thermen zu sparen und ungestört im Kreise von ausgesuchten Freunden und Bekannten kuren zu können.

Der skizzierte Wandel in den Badegewohnheiten und die Abkehr vom Körpertraining finden ihren prägnanten Ausdruck in einem neuen Badehaus, das unmittelbar außerhalb des

Hafentores (Abb. 8) zu Beginn der Kaiserzeit erbaut wurde. Es ist heute vor allem wegen der erotischen Szenen bekannt, die in friesartiger Reihung den Wänden des Umkleideraumes folgen. Dies als Hinweis auf Prostitution im Umfeld der Thermen zu nehmen, wäre jedoch verfehlt. Wahrscheinlicher ist, dass die einzelnen Szenen in Anlehnung an zeitgenössische Literatur, etwa die *Ars amatoria* des Ovid, von den Badegästen memoriert wurden, damit sie ihre Habseligkeiten auf dem Bord, das unter den Szenen entlanglief, leichter wiederfinden konnten.

Das Bestechende an den Vorstadtbädern ist aber ihre Ausstattung. Neben technischen Raffinessen zählen dazu insbesondere die großen Fenster, die den Badenden den Blick auf das Meer eröffneten. Das auf diese Weise inszenierte Nebeneinander des künstlichen Süßwasserbades und der ungezähmten See übte seither eine ungebrochene Faszination aus, der auch spätere Villenbesitzer wie Plinius erlagen.

Für die großen sogenannten Zentralthermen an der wichtigen Kreuzung von Via Stabiana und Via di Nola kam der Vesuvausbruch jedoch zu früh (Abb. 8). Nur etwa zwei Generationen nach Errichtung der Vorstadtthermen war wohl im Zuge der starken Verwüstungen durch das Erdbeben 62 n. Chr. mit dem Neubau eines fünften städtischen Badekomplexes anstelle älterer Häuser begonnen worden. Die durch die Eruption lediglich bis zum Rohbau gelangte Ausführung lässt eine Anlage erkennen, die mit ihrem einen Badetrakt und dessen Öffnung über weite Fenster auf die vorgelagerte *palaestra* deutlich Züge der von den Kaisern in Rom errichteten Bäder aufgreift. Wie einzelne auf der Baustelle deponierte Architekturteile zeigen, sollten die pompejanischen Thermen wie ihre römischen Vorbilder durch Buntmarmore aus den unterschiedlichen Gegenden des römischen Reiches bestechen.

Die Ertüchtigung der Jugend – das Forum Triangolare und die Palästren

Die Neugestaltung des altehrwürdigen Heiligtums für Hercules und Minerva ist bereits im Zusammenhang mit der Deutung des Tempelfundaments und anderer Bauten des Kultbezirks beschrieben worden (Abb. 7). Insbesondere die Verehrung des Hercules hat die Bautätigkeit innerhalb des Heiligtums seit dem späten 2. Jh. v. Chr. wesentlich bestimmt. In Kampanien und auch im bergigen Hinterland Zentralitaliens zählte er zu den populärsten Göttern und war sowohl Schutzgottheit des überregionalen Handels und der Rinderherden als auch Heros und Vorbild der jungen Männer. Neben wirtschaftlichem Wohlstand erwartete die männliche Jugend Schutz und Beistand bei der körperlichen Ausbildung im Dienst der Bürgerschaft. Dem italischen Hercules opferte man nicht in erster Linie als Gott des griechischen Gymnasiums.

Die durch die Errichtung der seitlichen Säulenhallen vorgenommene Ausgrenzung des Forums und die Schaffung eines kontrollierbaren Zugangs im Norden scheinen mit signifikanten Veränderungen in der Nutzung des Platzes einhergegangen zu sein. Entlang der Ost-Portikus findet sich im Abstand von etwa 5 Metern eine kleine Mauer, die fast über die gesamte Länge parallel zur Halle verläuft. Für eine Deutung ist auf das beim Eingang aufgestellte Wasserbecken und die dortige Ehrenstatue für den Neffen des Augustus, Marcellus, einzugehen. Letzterer war Schutzpatron der Stadt (*patronus coloniae*), ein Ehrentitel, den man ihm in Pompeji verliehen hatte, um sich seine Fürsprache in Rom zu sichern. Da Marcellus bis zu seinem Tod im Jahr 23 v. Chr. als präsumptiver Nachfolger des Augustus galt, verdient die Aufstellung seiner Ehrenstatue im Heiligtum des Hercules besondere Beachtung. Der junge Mann könnte hier gleichzeitig auch als eine Art Anführer der männlichen aristokratischen Jugend in Rom (*princeps iuventutis*) geehrt worden sein. Diese Funktion war vor allem im Zusammenhang mit paramilitärischen Auftritten wichtig. Sie enthielte damit eventuell einen Hinweis auf die Nutzung des Forum Triangolare als *campus* und damit Trainingsstätte des alten Pompeji. Die kleine Mauer entpuppte sich auf diese Weise als Begrenzung einer Laufbahn. Zwar war diese nur etwa eine halbe Stadionlänge lang, doch scheinen auch die angrenzenden Bauten auf ihre Benutzung als Trainingsort hinzuweisen.

Betrachtet man den Grundriss des Heiligtums und seiner Nachbarbauten, dann wird die gegenseitige Rücksichtnahme und Abstimmung der Bauten aufeinander erkennbar. Das östliche Theater und die nach Süden anschließende große Portikus nehmen mit ihren Außenmauern eindeutig auf das Heiligtum Bezug. Es ist also davon auszugehen, dass beide zusammen geplant wurden. Wie die Untersuchungen Filippo Coarellis und Fabrizio Pesandos zeigen konnten, ist es für ein umfassenderes Verständnis des gesamten Theaterbezirks unumgänglich, die einzelnen Gebäude nicht isoliert zu betrachten, sondern als städtisches Ensemble zu interpretieren.

So war die sogenannte Samnitische Palästra im Nordosten des Forum Triangolare durch eine Tür von der Osthalle aus direkt zu betreten. Diese Anbindung scheint von einiger Bedeutung gewesen zu sein. Da der eigentliche Haupteingang der Palästra an der Nordseite zur Via del Tempio d'Iside hin lag, hätte es eines weiteren Zugangs nicht unbedingt bedurft. Als Palästra und damit Trainingsstätte war die Verbindung zur Laufbahn nebenan allerdings nützlich. Dass es sich bei der Palästra tatsächlich um den Übungsplatz der heranwachsenden Männer im vorrömischen Pompeji handelt, belegt sehr wahrscheinlich eine dort gefundene oskische Inschrift. Sie erwähnt nämlich die *vereiia*, eine alte Bezeichnung vorrömischer Zeit für die zu schulenden jungen Männer. Außerdem nennt sie den Stifter Vibius Atranus, aus dessen Vermögen die Anlage wohl nach seinem Tod und unter der Kontrolle des Stadtrates errichtet worden ist. Die testamentarische Verfügung des Atranus, seine privaten Mittel für den Bau der Palästra aufzuwenden, unterstreicht den Stellenwert, der dem Gebäude seitens führender Männer der Stadt schon im 2. Jh. v. Chr. zugemessen wurde.

Der Säulenhof der Palästra ist uns nur in seiner kaiserzeitlichen Form überliefert, mit fünf Säulen an der Schmal- und acht an der Langseite. Ursprünglich erstreckte er sich um zwei Joche weiter nach Osten; diese gingen erst im Zuge der Ausdehnung des dortigen Isis-Tempels verloren. Die kleine Palästra war anfangs also etwas größer, wenngleich auch so noch bescheiden angelegt. Lediglich an der Westseite existierten drei kleine Räume, die den Trainierenden als Umkleide- oder Aufenthaltsräume dienen konnten.

Dominiert wurde das Areal von einer genau in der Achse des Haupteingangs postierten Basis, auf der einst die berühmte pompejanische Kopie des sogenannten Doryphoros gestanden hatte (die Statue befindet sich im Neapler Museum; Abb. 11). Bis heute ist umstritten, wen diese auf ein hochklassisches griechisches Original zurückgehende Figur ursprünglich darstellte. Gleichzeitig befand sich vor der Basis ein Altar, untrügliches Anzeichen dafür, dass hier ein Kult vollzogen wurde. In diesem Zusammenhang muss auch die rückwärtige Treppe gedeutet werden. Folglich wurde hier nicht nur geopfert, sondern es kam zu Bekränzungen der Statue. Da die fehlenden Porträtzüge des Kopfes den Bezug auf eine lokale Persönlichkeit ausschließen, dürfte man in der nackten Figur einen Heros als siegreichen und vorbildlichen Athleten gefeiert haben: Die alters- und makellos gebildete Statue formulierte auf treffliche Weise jene Ideale von Körperkraft und Beweglichkeit, die im Rahmen jeder paramilitärischen Ausbildung Bedeutung erhalten mussten.

Zu dieser Deutung als Ausbildungsstätte der männlichen Jugend schienen die «Republikanischen Thermen» nordwestlich der Kreuzung gut zu passen; Zweifel daran aber überwiegen. Von vornherein verfügte das Bad über zwei getrennte Trakte, also auch einen Frauenbereich. Dessen Zugang lag in einer später überbauten Seitengasse der Via dei Teatri und erschloss neben dem Umkleideraum zwei große Baderäume, nicht jedoch das Schwitzbad. Dem Männerbereich fehlte hingegen die *palaestra*. Eine Funktion als Teil eines Ausbildungskomplexes für die männliche Jugend der Stadt ist daher abzulehnen und die kleine Therme eher als öffentliches, wohl von privater Hand errichtetes Bad zu deuten. Seine Beheizung der beiden *caldaria* erfolgte mit Hilfe von Heißluftkanälen unter den Böden. Als technische

Abb. 11: Pompeji, Statue des Doryphoros aus der Samnitischen Palästra sowie Ansicht der Palästra mit der Statuenbasis und dem Altar davor (Kupferstich von B. Strassberger, um 1870)

Neuerung bewährten sie sich nicht und wurden schon in den Stabianer Thermen durch Hypocausten ersetzt. Es dürfte sich daher um die ältesten Bäder der Stadt aus dem frühen 2. Jh. v. Chr. handeln. Später mit neuen Fresken Zweiten Stils und Mosaiken ausgestattet, nutzte man sie bis um die Mitte des 1. Jh.s v. Chr.

Schließlich sei darauf hingewiesen, dass auch das südlich der Thermen, jenseits der Straße liegende Gelände zum Bereich des *campus* gerechnet worden ist. Man stellt sich hier eine Art Erfassung der ‹wehrpflichtigen› Männer vor. Da das Grundstück in der Kaiserzeit in ein gartenähnliches Areal umgewandelt worden ist, müsste an dieser Stelle gegraben werden, um Spuren der vorrömischen Bebauung nachzuweisen. Reste eines Relieffrieses aus Ton, die vom Vorgängergebäude stammen dürften, geben jedenfalls Reiterschlachten wieder, deren Kämpfer lokale Trachtmerkmale zeigen, ein passendes, aber nicht eindeutiges Sujet, nimmt man eine militärische Nutzung des Terrains an.

Die Gruppierung dieser Gebäude um das Hercules-Heiligtum als Zentrum – mit Ausnahme der Thermen – und ihre Entstehung gegen Ende des 2. Jh.s v. Chr. sind kein Zufall. In einer Zeit sich zuspitzender Konflikte der Städte Kampaniens mit Rom, wenige Jahre vor dem Bundesgenossenkrieg, wuchs die Bedeutung von Selbstbehauptung und Fähigkeit zum Widerstand. Wie bereits erwähnt, wurde Hercules im gesamten Mittelitalien nicht nur als Schutzgott des Handels und der Herden verehrt, sondern verkörperte auch eindeutig militärische Aspekte. Diese Kulte haben sich in mehreren italischen Städten in dortigen *campi* lokalisieren lassen. Gemeinsam ist diesen Übungsplätzen ihre Lage am Rande der Siedlungen. So verhält es sich auch in Pompeji.

Nach dem Ende des Bundesgenossenkrieges 89 v. Chr. muss die Vorbereitung der Jugend auf militärische Einsätze stetig abgenommen haben. Wie lange Palästra und Laufbahn noch genutzt worden sind, lässt sich nicht genau bestimmen. Als wichtige Veränderung ist die Errichtung einer völlig neuen, riesigen *palaestra* beim Amphitheater in augusteischer Zeit zu werten (Abb. 8). Dessen dreiflügelige Portikus, über 300 Meter lang, begrenzte ein offenes Gelände. Zum Amphitheater hin bestand eine einfache Mauer mit drei Eingängen. Während sich vor den Portiken eine doppelreihige Pflanzung von schattenspendenden Platanen entlangzog, wurde das Zentrum des offenen Terrains von einem riesigen Schwimmbecken eingenommen. Eine Laufbahn, eine typische Palästra und weitere Räume, die für die Aufbewahrung von Gerät oder zur Reinigung notwendig waren, fehlten. Es ist daher zu Recht darauf hingewiesen worden, dass es sich nicht mehr um einen typischen *campus* handele, sondern um ein Areal für vielfältige sportliche Betätigung. Wie schon bei den Gebäuden an der Ostseite des Forums mündete die Eingangs- und Symmetrieachse erneut in einen *cella*-ähnlichen Raum mit Basis, der mit größter Wahrscheinlichkeit dem Kaiserkult diente: Auch hier sollten alle Handlungen unter dem guten Stern des Kaisers stehen.

Innerhalb der Städte waren der Umgang und das Training mit scharfen Waffen in dieser Zeit Sache der Gladiatoren. Zumindest aus den Jahren vor dem Vesuvausbruch wissen wir, dass diese im Volk so beliebten Kämpfer damals in der großen Portikus beim Theater übten (Abb. 7). Hier haben sich in den an die Portiken angrenzenden Zellen diverse Waffen sowie Helme gefunden. Bevor dieser Säulenhof aber in eine Gladiatorenkaserne umfunktioniert wurde, hatte man ihn als Theaterportikus (*porticus post scaenam*) während der Theaterpausen zum Flanieren aufgesucht.

Zuschauen und selbst gesehen werden – Theatervergnügungen

Dort, wo der Abhang am südlichen Ende des Plateaus plötzlich steiler abfiel, war schon im Laufe des 2. Jh.s v. Chr. ein großes Theater errichtet worden (Abb. 7). Was in Süditalien nichts Ungewöhnliches war, ein steinernes, ständig zu nutzendes Theater, wurde damals in Rom nur zu den Festspielen selbst aus Holz und einzelnen steinernen Baugliedern errichtet. Der erste massive Theaterbau Roms, das Theater des Pompejus, ist erst ein Jahrhundert später, im Jahre 55 v. Chr. eingeweiht worden. Das samnitische Pompeji besaß dagegen bereits früh ein eigenes Theater. Vom ursprünglichen Bau sind zwar kaum mehr Reste vorhanden, dennoch muss es innerhalb des Theaterbezirks der älteste große Baukörper gewesen sein. Alle benachbarten Gebäude wurden – mit Rücksichtnahme auf die äußere Form des Theaters – erst nachträglich erbaut.

Das leicht über den Halbkreis hinausgehende Zuschauerrund (*cavea*) zeugt ebenso vom Einfluss der in Süditalien und Sizilien vorhandenen und in griechischer Tradition stehenden Theater wie die größere runde Freifläche (*orchestra*) vor der Bühne, die in der griechischen Tragödie als Tanzplatz des Chores gedient hatte. Nur durch sukzessive Umbauten konnte man das Gebäude nach und nach den Erfordernissen römischen Bühnenspiels und den mit ihm verbundenen gesellschaftlichen Anlässen anpassen.

Eine erste Veränderung betraf die Erhöhung der Bühne und bald auch die Einwölbung der seitlichen, bis dahin nicht gedeckten Zugänge. Auf diese Weise steigerte man die Zahl der Sitzplätze. Mit dem Umbau des Bühnenhauses (*scaenae*) in augusteischer Zeit wurde dann vor allem eine Vergrößerung der Spielfläche auf der Bühne erzielt und diese gleichzeitig näher an die Ränge herangerückt. Außerdem schuf man einen Graben für das effektvolle Aufziehen eines Vorhangs. Auch die Bühnenfassade errichtete man neu, aus Ziegeln, die anschließend mit Marmorplatten verkleidet wurden. Die heute noch erkennbare Nischengliederung mit eingestellten Säulen geht allerdings erst auf eine Reparatur nach dem großen Erdbeben zurück. Die zuvor hufeisenförmige *orchestra* wurde durch diese Neuerungen erheblich verkleinert.

Durch die augusteische Renovierung entstand schließlich ein typisch römisches Theater, insofern als nunmehr Bühnenhaus und Zuschauerrund miteinander verbunden und Logen (*tribunalia*) über den seitlichen Zugängen errichtet worden waren. Wer hier über den Zugangstunneln saß, hatte keine besonders gute Sicht auf die Bühne. Dennoch waren diese Logen die Ehrenplätze für die Magistrate der Stadt und die Spielgeber, denn hier wurde man gesehen – und zwar von nahezu allen Plätzen aus. Verantwortlich für diese Maßnahmen zeichneten Marcus Holconius Rufus und Marcus Holconius Celer, vermutlich Vater und Sohn, und Mitglieder einer der reichsten Familien der Stadt. Beide hatten wiederholt hohe bzw. höchste Ämter der Stadtverwaltung inne. Mindestens drei Inschriften nannten die beiden Stifter, ihre politischen Karrieren und darüber hinaus die von ihnen finanzierten Baumaßnahmen. Danach waren nicht nur die *tribunalia* neu errichtet, sondern auch sämtliche Sitzstufen der *cavea* in Marmor ersetzt worden. Zusätzlich hatten die beiden Holconii am oberen Rand des Runds einen überwölbten Umgang (*crypta*) anlegen lassen, der nicht nur weitere Sitzreihen trug, sondern in den Pausen als schattiger Wandelgang genutzt werden konnte. Obwohl in den Inschriften nicht erwähnt, ist davon auszugehen, dass diese Renovierung auch die Verkleidung der Bühnenfassade mit Marmor beinhaltet hatte.

In den seitlichen Nischen oder vor den Säulen der Fassade dürften die mindestens drei Ehrenstatuen gestanden haben, die beide Holconii wohl als Dank von der Bürgerschaft erhalten hatten. Darüber hinaus gewährte man dem Vater einen Ehrensitz (*sella curulis*), der zu Füßen der unteren Ränge mit bester Sicht auf die Bühne aufgestellt wurde. Die Ehrung wurde mit Bronzebuchstaben in der marmornen Stufe festgehalten. Diese Kooperation von Vater bzw. Mutter und Sohn, die wir schon am Eumachia-Gebäude oder dem Isis-Tempel beobachtet haben, sollte der Familie auch hier fortdauerndes Ansehen sichern und beste Voraussetzungen für eine noch erfolgreichere Karriere der Nachkommen schaffen.

Zwei weitere Bauten für dramatische Aufführungen, das inschriftlich so bezeichnete überdachte Theater (*theatrum tectum*; Abb. 7) und das Amphitheater (Abb. 8), entstehen in den ersten Jahren der Kolonie. Es sind die aus mehreren Inschriften gut bekannten Beamten Marcus Porcius und Quinctius Valgus, die für die Errichtung im Auftrag des Stadtrates verantwortlich zeichnen. Wie im Falle der Forumsthermen stellt sich auch hier wieder die Frage, welche Rolle die Ankunft der Neubürger bei der Errichtung von gedecktem Theater und Arena spielte. Weder Valgus noch Porcius waren Einheimische.

Mit Blick auf die aus griechischen Städten bekannten Odeia deutet man das kleine pompejanische Theater bis heute oftmals als Stätte musischer Rezitationen, die eine bessere Akustik als die Theater benötigt hätten. Deshalb sei das Gebäude in einen rechteckigen Bau eingefügt und überdacht worden. Das will aber mit Blick auf die Herkunft der Veteranen, die ja ehemalige Soldaten waren, nicht recht überzeugen. Bauzeit und Größe des *theatrum tectum* sprechen eher für eine Funktion im Dienst der Kolonisten. Da die allgemeine Umgangssprache in der Stadt, und wohl auch bei Theateraufführungen, noch immer das Oskische war, scheint die Annahme vernünftig, es handele sich hier um ein ‹lateinisches› Theater für die Neubürger. Wurde dort nicht gespielt, konnte es auch als Versammlungsort zu politischen Zwecken genutzt werden. Da wir wissen, dass Theater auch als politische Tagungsorte dienen konnten, lässt sich gut vorstellen, wie die Kolonisten im *theatrum tectum* etwa Vorentscheidungen für Kandidaturen und die Übernahme führender Positionen in der Stadtverwaltung trafen.

Gänzlich anders stellt sich die Errichtung des Amphitheaters dar. Es ist die älteste uns bekannte Anlage dieser Art überhaupt. Von einer beschränkten Nutzung oder Funktion nur für Teile der Bevölkerung kann hier keine Rede sein. Bei einem Fassungsvermögen von etwa 20 000 Menschen müssen von vornherein auch die Bewohner des Umlandes berücksichtigt worden sein. Dies zeigt, dass solche Spektakel ihre Anziehungskraft weit über die Stadt hinaus entfalteten.

Erst vor einigen Jahren ist es Fausto Zevi gelungen, die erhaltene Bauinschrift in überzeugender Weise zu interpretieren. Marcus Porcius und Quinctius Valgus bezeichnen sich dort nicht mehr wie in der Inschrift des *theatrum tectum* als *duumviri*, sondern als Zensoren (*duumviri quinquennales*, das heißt Fünfjahresbeamte), denen es oblag, die Bewohner Pompejis in die politisch wichtigen Vermögensklassen einzustufen. Es kann also davon ausgegangen werden, dass bereits um das Jahr 70 v. Chr. ein erster Zensus aller Bürger vorgenommen wurde. Bereits zehn Jahre nach der Erhebung zur Kolonie kam es zu einer gemeinsamen Veranlagung für Alteingesessene und Neubürger.

Die Annahme, dies spreche für ein normalisiertes Zusammenleben und gegen fortwährende innerstädtische Auseinandersetzungen zwischen den Bevölkerungsgruppen, wird durch einen anderen Passus der besagten Inschrift gestützt: Das Amphitheater sei – im Übrigen aus privaten Mitteln der beiden Beamten – der Kolonie und all ihren Bürgern für alle Zeiten überschrieben. Es scheint demnach tatsächlich so zu sein, als hätten die Zensoren dem friedlichen Zusammenwachsen von Alteingesessenen und Neubürgern – das sich innerhalb von wenigen Jahren und quasi unter ihrer Aufsicht vollzogen haben müsste – mit der Errichtung des Amphitheaters ein gewaltiges Monument gesetzt.

Der Größe des Baus entsprach seine Lage in der Südostecke der Stadt. Teilweise über der Stadtmauer und damit an der äußersten Stadtgrenze errichtet, war das Amphitheater jenes Gebäude, das die aus den zahlreichen Nachbarstädten im Süden und Osten ankommenden Besucher zuerst sahen. Da es in unmittelbarer Nähe der Stadttore für Auswärtige leicht zu erreichen war, wurde es für sie zum Wahrzeichen des neuen Pompeji. Statt sich wie bisher bei miserabler Sicht in den Kolonnaden des Forums zu drängen, ermöglichten nun selbst die billigen Plätze in den obersten Rängen des neuen Theaterrunds einen fast ungestörten Blick auf das Geschehen. Dem Streit um die besten Plätze in den Forumsportiken wich das Erlebnis, die Spiele in der Gemeinschaft einer großen Zahl von Mitbürgern und Nachbarn erleben zu können: Das Amphitheater wurde zum identitätsstiftenden Ort der neuen Bürgergemeinschaft.

Diesem Verständnis muss auch die klare Dreiteilung der Ränge nicht widersprechen, die der Trennung der Besucher nach sozialem Stand Rechnung trug. Während man zu den unteren Logen über gedeckte Gänge im Inneren des Gebäudes gelangte, waren die oberen Sitzreihen für Freigelassene und Sklaven ausschließlich über die äußeren Treppen zu erreichen.

Die Unerfahrenheit in der Planung eines solch großen Amphitheaters zeigt sich gerade im Fehlen von unterirdischen Gewölben. Tiere und Kämpfer, die auftreten sollten, mussten demnach draußen vor dem Theater zurückgehalten werden, ehe sie über breite Tunnel in die Arena geführt wurden. Auch auf besondere

Effekte, etwa das Sich-Öffnen von Bodenluken, aus denen Kämpfer oder Tiere in die Arena entlassen wurden, musste damals noch verzichtet werden. Die mangelnde Erfahrung wird auch in den von außen an den Baukörper angeschobenen Treppenaufgängen sichtbar, die bei späteren Arenen der Kaiserzeit als interne Treppenhäuser in den Bau selbst integriert wurden.

Ungeachtet dessen vermittelt uns das Amphitheater von Pompeji eine lebhafte Vorstellung von der Beliebtheit solcher Spektakel und der mit ihnen einhergehenden Unruhe in der Stadt. Tatsächlich bezeichnet die Inschrift das Gebäude als *spectacula* und legt den Akzent damit auf die hier stattfindenden Ereignisse und nicht auf das Gebäude selbst. Aus den äußeren Stützbögen der Arena sind zahlreiche Kritzeleien bekannt, die das Ringen der Händler um diese verkaufsträchtigen Plätze in der Nähe der Zugänge belegen. Der Platz um die Arena war mit Platanen bepflanzt und dürfte während der mehrtägigen Spiele einem Jahrmarkt geglichen haben. Von öffentlichen Fassaden in der Stadt sind mehrere Pinselaufschriften überliefert, die Zeitpunkt, Dauer und Programm der Spiele öffentlich ankündigten, selbstverständlich nicht ohne den Sponsor hervorzuheben. Das Versprechen, während einer Aufführung gegebenenfalls sogar Sonnensegel aufziehen zu lassen, war eine eigene Erwähnung wert.

Wie populär diese *spectacula* waren und in welchem Maße sie das Stadtgespräch bestimmten, wird schließlich an der großen Zahl von geritzten Kommentaren und Graffiti deutlich, die sich auch abseits öffentlicher Areale, zuallermeist im Inneren von Häusern gefunden haben. Man fieberte mit den Gladiatoren mit, zählte ihre Siege, wettete auf sie und war bereit, die Verlierer nach gutem Kampf zu begnadigen. Die Leidenschaft konnte aber auch leicht Tumulte und Schlägereien auslösen. Im Jahr 59 n. Chr. verhängte Kaiser Nero nach heftigen Gewaltausbrüchen, die sich während der Spiele zwischen Pompejanern und Bewohnern des benachbarten *Nuceria* (Nocera) entzündet hatten, eine zehnjährige Sperre für Spiele in Pompeji, eine empfindliche Strafe für die mangelnde Kontrolle der öffentlichen Ordnung. Das Verbot scheint allerdings schon wenige Jahre später wieder aufgehoben worden zu sein.

Beamtenkarriere und private Stiftungen – Straßen und Plätze als Bühne des Bürgers

In den italischen Städten hing anders als heute die Errichtung neuer öffentlicher Gebäude, aber auch deren Unterhalt und Reparatur, in entscheidendem Maße von der Freigebigkeit wohlhabender Stifter (*munificentia privata*) ab. Dies war in aller Regel kein selbstloser Akt. In den Inschriften an Eingängen und Fassaden wiesen die Geldgeber mit Nachdruck auf die persönlichen Leistungen hin. Und die bereits angesprochene Kooperation mit den eigenen Kindern sollte deren zukünftige Chancen auf die Übernahme politischer Ämter und damit das Ansehen der gesamten Familie erhöhen. Von den Stiftern des Amphitheaters etwa, den beiden Zensoren Valgus und Porcius, weiß man, dass sie über enormen Reichtum verfügten, der allein solche Unternehmungen ermöglichte. Auch die Priesterin Eumachia stammte aus reichem Hause. Und die beiden Holconii, die die Erneuerung des Theaters bezahlt hatten, genossen durch ein kleines Weinimperium überregionales Ansehen, das bis nach Rom reichte.

Wenn mehrere Inschriften zu einer Person überliefert sind oder auch Wahlempfehlungen auf Fassaden, lässt sich mitunter ein genaues Bild ihrer politischen Karriere sowie ihres Ansehens in der Stadt gewinnen. Aus der Frühzeit Pompejis bis in das 2. Jh. v. Chr. ist dies allerdings nicht möglich, weil entsprechende Funde fehlen. In Marcus Porcius fassen wir den ersten Bürger, der uns etwas besser bekannt ist. Er stiftete zusammen mit seinen drei Kollegen als *quattuorvir*, als Mitglied eines Vier-Männer-Kollegiums aus den Jahren unmittelbar vor der Koloniegründung, den neuen Altar im Apollon-Heiligtum. Wenige Jahre später hatte man ihn zum *duumvir* gewählt, einem von zwei führenden Beamten, woraufhin er zusammen mit Valgus die Initiative zur Errichtung des *theatrum tectum* ergriff. Nach ihrer erfolgreichen Kandidatur für das Amt des Zensors (*duumvir quinquennalis*) stifteten sie schließlich das Amphitheater. Der Stadtrat beschloss daraufhin, dem Porcius, der anders als Valgus in Pompeji wohnte, an prominentester Stelle außerhalb des Herculaner Tores einen Bezirk für sein späteres Grab freizuhalten. Nach seinem

Tod, dessen Zeitpunkt wir nicht kennen und nur ungefähr auf etwa 50 v. Chr. schätzen können, errichtete man dort einen großen Grabaltar.

Das beeindruckendste Zeugnis einer Magistratskarriere liegt für Marcus Holconius Rufus vor. Er hat die höchsten Ehren empfangen, mit denen – soweit wir wissen – jemals eine Person in Pompeji ausgezeichnet wurde. Wiederholt wählte man ihn in städtische Führungspositionen, in den römischen Senat gelangte er jedoch nie. Dies veranschaulicht, dass es ihm trotz seines Ansehens und der ubiquitären Präsenz seiner Familie in Pompeji nicht gelang, seinen Einfluss über den lokalen Rahmen hinaus auszudehnen.

Das Engagement von Holconius Rufus und seinem Sohn Celer für die Erneuerung des Theaters ist bereits beschrieben worden. Anders als bei Porcius geben die im Theater gefundenen Inschriften nicht nur das zuletzt ausgeübte Amt des Vaters an, sondern listen seine sämtlichen bisherigen Erfolge auf. Marcus Holconius sah damals schon auf eine lange politische Karriere zurück. Als dreimaliger *duumvir* hatte er bereits an der Renovierung der Außenmauer des Apollon-Heiligtums mitgewirkt und übte das Amt gerade zum vierten Male aus. Im Jahr zuvor war er außerdem zum ersten Priester des Augustus-Kultes (*sacerdos Augusti*) gewählt worden, jenes Kultes, der sein Zentrum wahrscheinlich im Tempel des Genius Augusti am Forum hatte. Der jüngere Celer begegnet uns hingegen zum ersten Mal im Theater, weshalb vermutet werden kann, dass Rufus seinem Sohn hier nach bewährtem Muster eine politische Karriere ebnen wollte. Beide Männer erhielten Statuen, die ebendort aufgestellt wurden. Die für den Vater bezeichnet ihn in der Inschrift auch als *tribunus militum a populo*, ein Ehrentitel, der nur vom Kaiser selbst verliehen wurde.

Den Höhepunkt der Laufbahn des Rufus markierte aber unzweifelhaft seine Ernennung zum ‹Ehrenbürger› der Stadt (*patronus coloniae*). Möglicherweise war dies der Anlass für die Aufstellung einer weiteren Statue durch die Stadt, mit der sie Rufus an herausgehobener Stelle ehrte (Abb. 12): Südlich der Stabianer Thermen weitete sich die dortige Via dell'Abbondanza

Abb. 12: Pompeji, Statue des Marcus Holconius Rufus vor den Stabianer Thermen

zu einem kleinen Platz, dessen östliches Ende von einem großen viertorigen Bogen überwölbt wurde (Abb. 9). Die Statue des Marcus, die ihn als Militär in Rüstung zeigte, obwohl er nie gedient hatte, stand vor der Westfassade und ‹blickte› zum Forum. Die rot gefasste Inschrift im weißen Marmorsockel war weithin zu lesen: «Für Marcus Holconius Rufus, Sohn des Marcus, Militärtribun, dem fünfmaligen Bürgermeister und zweimaligen Zensor, dem Priester des Augustus und Ehrenbürger der Stadt». Durch ihren Standort markierte die Statue den Weg vom politischen Zentrum der Stadt zu den Theatern, sodass viele Besucher, die hier vorbeikamen, dem Mann schon kurz darauf ein weiteres Mal wiederbegegnen sollten.

Die Statue für Marcus am neuen Haupteingang zu den Stabianer Thermen zeigte den Ehrenbürger mit individuellem Porträt im bekannten Statuentypus des Mars Ultor, des rächenden

Kriegsgottes. Kaiser Augustus hatte dem Gott kurze Zeit vorher, im Jahre 2 v. Chr., den Tempel in seinem neuen Forum in Rom errichtet. Die Verwendung des Typus für die Statue des Rufus war selbstverständlich kein Zufall – und auch kein Einzelfall. Vielmehr band sie die Gemeindefunktionäre in die Organisation und Verwaltung des römischen Imperium ein. Mit der freiwilligen Übernahme von Götterbildern und -typen, die in Rom aufgestellt worden waren, unterstrich man die Anerkennung der kaiserlichen Macht und die eigene Loyalität.

Leider ist von dem Monument in Pompeji heute nurmehr der Sockel vorhanden, und die wenigsten Besucher werden auf ihn aufmerksam. Wer sich im Museum in Neapel die zugehörige Statue genauer ansieht, wird vielleicht bemerken, dass der Kopf nicht mehr der ursprüngliche ist. Man hat ihn nach einer Beschädigung bereits in der Antike ausgetauscht und durch ein neues Porträt des Rufus ersetzt. Das ist deshalb bemerkenswert, weil solche Fälle sonst oft als Gelegenheit dafür genutzt wurden, an die Stelle des alten Bildnisses dasjenige eines anderen zu setzen und den Namen der Inschrift entsprechend zu überschreiben. In diesem Fall achteten die Stadtoberen jedoch darauf, dass auch zwei Generationen nach seinem Tod die Bildnisstatue des Marcus Holconius Rufus repariert wurde und weiterhin sein Andenken bewahrte. Aus der Ehrenstatue für einen Zeitgenossen war wie bei Porcius ein Denkmal zur Erinnerung an einen vorbildlichen Stadtvater geworden.

Der prädestinierte Ort für die Platzierung von Statuen, das Forum, stellt Archäologen in Pompeji vor große Probleme (Abb. 6). An allen Seiten, in- und außerhalb der Portiken, sind uns die Basen von mindestens 25 Ehrenstatuen überliefert, doch kennen wir keine einzige genauer. Bei der auf die Verschüttung der Stadt folgenden Plünderung des Platzes und der angrenzenden Gebäude wurden selbst die marmornen Verkleidungsplatten der Statuensockel geraubt. Nur durch Zufall sind einzelne Inschriften oder Fragmente erhalten geblieben.

Nach den Maßen der nackten Sockel waren auf dem offenen Platz fast ausschließlich etwa lebensgroße Reiterstatuen aufgestellt, während man die Fußstatuen bevorzugt innerhalb der

Portiken vor den Säulen platzierte. Ein Fresko aus dem Haus der Iulia Felix vermittelt uns davon einen lebensnahen Eindruck: Es zeigt, wie die Statuensockel gleichzeitig dazu benutzt wurden, öffentliche Bekanntmachungen in der Art einer Wandzeitung anzuschlagen (Abb. 13). Ambitionierte Väter nahmen ihre Söhne gleich mit auf das Forum.

Die Südseite des Platzes scheint zunächst der begehrteste Aufstellungsort gewesen zu sein. Hier können wir sogar nachvollziehen, dass die ursprüngliche Aufreihung von zehn Reiterbildnissen teilweise aufgegeben und nach und nach durch die Errichtung dreier riesiger Sockel ersetzt wurde. Es liegt nahe, diesen Eingriff in die frühe Kaiserzeit zu datieren und die Sockel mit Ehrenstatuen für das Kaiserhaus zu verbinden: Reste einer Inschrift gehören zu einer nach 12 v. Chr. gestifteten Reiterstatue für Augustus auf der mittleren Basis. Auch wenn die Zuschreibung der anderen beiden Sockel unbekannt bleibt, zeugen die Maße der Podeste für die Stiftung von Viergespannen (Quadrigen), die üblicherweise die Kaiser als Triumphatoren zeigten. Auf der langrechteckigen Basis in der Platzmitte dürfte hingegen die kolossale Reiterstatue eines Herrschers gestanden haben, und eine weitere in der Basilika, wo man sie an prominentester Stelle vor dem Tribunal platzierte.

Im späten 1. Jh. v. Chr. hatte sich das Forum dann mit Statuen so gefüllt, dass ein Platz für neue Ehrungen nicht leicht zu finden war, sollten diese nicht von vornherein inmitten der älteren Bildnisstatuen untergehen. In diese Zeit fällt die Errichtung von drei Bogenmonumenten an der Nordseite des Forums zu seiten des Iuppiter-Tempels. Die beidseits an die Vorhalle des Tempels angeschobenen Bögen, von denen nur der westliche stehen geblieben und heute zu sehen ist, scheinen in augusteischer Zeit errichtet worden zu sein. Wie auf dem Augustus-Forum in Rom wurde der Haupttempel von zwei Bögen flankiert, die den unregelmäßig geschnittenen Platz im Norden begradigten und die Fassade des Tempels zusätzlich hervorhoben. Warum der Bogen auf der Ostseite später abgetragen wurde, ist unbekannt. Möglicherweise war er bei einem Erdbeben stark beschädigt worden. Der Bogen an der Nordostecke des Platzes entstand auch

Abb. 13: Pompeji, Haus der Iulia Felix (II 4, 2–12), Ausschnitt eines Freskos mit der Darstellung einer öffentlichen Bekanntmachung auf dem Forum

erst nach 62 n. Chr. und nicht schon in tiberischer Zeit. Er ersetzte einen Zugang in der damals vorhandenen Nordwand des Forums, jenem vergleichbar, der noch heute auf der Westseite existiert. Auch die zwei älteren Bögen überragten die Basen an der Südseite des Forums deutlich und müssen gleichfalls als Statuenträger für Angehörige des Kaiserhauses vorgesehen gewesen sein. Während die lokalen Stadthonoratioren als aufgereihte Statuen die Langseiten des Platzes bevölkerten, besetzten die Mitglieder der Kaiserfamilie die als Blickpunkte wichtigeren Schmalseiten des Forums. Durch die symmetrische Verteilung der Basen traten die Statuen als Gruppe in Erscheinung, die von jedem Betrachter sofort auf die kaiserliche Reiterstatue im Zentrum des Platzes und darüber hinaus auf den Iuppiter-Tempel als Hauptmonument des Forums bezogen wurde. Die Nähe des Kaisers zu den Göttern kam hierin sinnfällig zum Ausdruck.

Pompejis Wirtschaft und Gesellschaft

Konsumenten- oder Produzentenstadt?

Pompeji ist nicht nur die größte Stadtruine der Antike, der wir vielfältige Kenntnisse zur öffentlichen und privaten Architektur verdanken, die verschüttete Stadt stellt auch die reichhaltigste und dichteste Quelle für eine Untersuchung der römischen Wirtschaft dar. Dies wird häufig übersehen. Essgeschirr, Kochtöpfe, Amphoren, Parfümflakons oder Lampen lassen sich eben nicht nur als Zeugnisse eines sogenannten Alltags, sondern auch im Hinblick auf ihre Herstellung, ihren lokalen oder überregionalen Verkauf, ihren Wert und die Art ihrer (Wieder-)Verwendung untersuchen. Durch detaillierte Forschungen zu einzelnen Fundgattungen während der letzten Jahrzehnte haben wir frühere Vorstellungen von der städtischen Versorgung und den Bedingungen für Produktion und Handel grundlegend revidieren müssen.

Aus der Perspektive einer Wirtschaftsgeschichte seit der Antike hatte sich in der Folge der Überlegungen Max Webers die Grundsatzfrage gestellt, ob die antike Stadt als Produzenten- oder Konsumentenstadt, also als sich selbst versorgender oder aber von äußeren Zulieferungen abhängiger Organismus zu verstehen sei. Weber selbst und eine einflussreiche, seiner These anhängende Gruppe von Forschern vertraten die Ansicht, dass die Versorgung der Stadtbevölkerung entscheidend von der Zufuhr von Waren und Lebensmitteln aus dem Umland Pompejis abhing. Die Verfechter der These von der Produzentenstadt hingegen suchten nach Indizien für eine über die Selbstversorgung hinausgehende Herstellung von Gütern innerhalb Pompejis, mit denen externe Märkte beliefert worden seien. Ihre Argumentation stützte sich dabei vor allem auf Beobachtungen textilverarbeitender Werkstätten. Bevor wir auf die letztgenannten Überlegungen näher eingehen werden, müssen wir uns jedoch Klarheit über die Grundversorgung der Bevölkerung mit Lebensmitteln verschaffen.

Die Zahl der vor allem seit dem Zweiten Weltkrieg bekannt gewordenen Landgüter und kleinen Gehöfte in unmittelbarer Nähe Pompejis und an den Hängen des Vesuv spricht zunächst eher für die Vorstellung einer von außen versorgten Siedlung. Dutzende solcher Höfe, aber auch suburbane Villen mit teilweise erstaunlichen Einrichtungen für die Verarbeitung landwirtschaftlicher Erträge, verflechten die Stadt auf das engste mit ihrem Umland. Da Reste dieser Gehöfte zumeist bei Ausschachtungsarbeiten im Zuge moderner Baumaßnahmen ans Tageslicht kamen, war es den Archäologen nur selten möglich, diese *villae rusticae* vollständig auszugraben.

Eine Ausnahme stellt ein Gehöft bei Boscoreale, zwei Kilometer außerhalb Pompejis in der Gemarkung Villa Regina dar, das in den Jahren 1978 bis 83 von S. De Caro umfassend erforscht werden konnte. Es hatte nur wenige Wohnräume und zeichnete sich vor allem durch einen großen Innenhof mit 18 in den Boden eingelassenen Tonfässern (*dolia*) sowie eine Weinpresse mit unterirdischem Reservoir aus (Abb. 14). Letzteres fasste etwa 10 000 Liter und dürfte schätzungsweise für den Ertrag von 1 bis 1,5 Hektar Weinanbaufläche vorgesehen gewesen sein. Hinweise auf den Weinanbau selbst oder den Anbau und die Verarbeitung von Getreide sind dagegen spärlich. Auch Stallungen für die Tierzucht konnten nicht nachgewiesen werden. Allerdings war das Grabungsgebiet zu klein, sodass die Archäologen nicht bis an die Grenzen des Gehöftes gelangten. Knochenfunde in geringem Umfang sprechen dafür, dass zumindest einige Schweine für den Eigenbedarf gehalten worden sind; auch Getreide- und Gemüseanbau dienten, soweit man das heute sagen kann, nur der Selbstversorgung. Das Landgut muss nach den Angaben römischer Agrarschriftsteller zu den kleinsten *villae rusticae* der Region gehört haben. Deshalb bleibt auch ungewiss, ob hier die Kleinfamilie eines freien Bauern oder aber Sklaven bzw. Freigelassene eines Latifundienbesitzers wirtschafteten.

Die Wirtschaftsweise solcher Gehöfte lässt sich hingegen einigermaßen genau bestimmen. In Boscoreale wurden spätestens seit dem 1. Jh. v. Chr. ausschließlich Reben angepflanzt. Der Weinanbau als Monokultur war im Vesuvgebiet verbreitet und sein Ertrag versorgte weit mehr als nur die lokalen Märkte. Von Familien wie den Holconii oder den Eumachii ist bekannt, dass sie aus dem Weinhandel erhebliche Gewinne zogen und auch nach Rom lieferten. Weinamphoren mit Namensstempeln, die man in Roms Hafen Ostia gefunden hat, lassen darauf schließen, dass der Anteil campanischer Weine am Importvolumen der Hauptstadt mindestens ein Fünftel betrug. Die sehr gute Qualität des Bodens an den Vesuvhängen führte schon in der Antike zu großer Beliebtheit der süditalischen Weine. Legt man einen vergleichsweise hohen Verkaufspreis von drei Assen pro Liter guten Weines zugrunde, dann hätten die Betreiber des kleinen Gehöftes im Jahr maximal 7500 Sesterzen umsetzen können, keine Basis für allzu großen Wohlstand.

Selbstverständlich belieferten die umliegenden Landgüter Pompeji mit vielen notwendigen Lebensmitteln. Aber auch der

Abb. 14: Boscoreale, Innenhof des kleinen Gehöftes in der Gemarkung Villa Regina mit 18 Weinfässern aus Ton

Flusshafen an der Mündung des Sarno im Süden der Stadt ist nicht zu vergessen. Das heute dicht besiedelte Gebiet hat nur sehr partiell Reste seiner antiken Bebauung preisgegeben. Fluss, Hafen und Meeresnähe legen aber nahe, dass insbesondere die Verarbeitung von Fisch und die Versorgung der Stadt mit Fischprodukten, wie der Würzsoße *garum*, wesentlich in den hiesigen Quartieren erfolgte. Hier fanden wahrscheinlich auch die Märkte statt, von denen wir aus kalendarischen Listen wissen. Solche im Abstand von sieben oder acht Tagen regelmäßig stattfindenden ‹Wochenmärkte› boten gleichfalls die Gelegenheit für Versteigerungen, die nach Ausweis von Archivfunden in öffentlichen Gebäuden abgehalten wurden. Keine Frage, dass bei solchen Ereignissen auch Geldwechsler und -verleiher zugegen waren. Auch was die Versorgung mit Frischfleisch betrifft, war Pompeji auf die Anlieferung der Ware von außerhalb angewiesen, denn die Herdenhaltung mit der Aufzucht der zum Verzehr vorgesehenen Jungtiere kann nur außerhalb der Stadt erfolgt sein.

Wie wichtig diese in die Stadt eingeführten Produkte für die Ernährung der Bevölkerung waren, zeigen die jüngsten osteologischen Untersuchungen einiger weniger Befunde. Sie belegen, dass man in den Wohnhäusern einen anspruchsvolleren Speiseplan verfolgte als in einfachen Wohnungen, den *tabernae* und Garküchen. In welchem Maße die Selbstversorgung mit Gemüse und Obst sowie die Kleintierzucht innerhalb der Mauern betrieben wurde, ist jedoch nur schwer abzuschätzen. Wir können aber feststellen, dass 79 n. Chr. zahlreiche Häuser neben vereinzelten größeren Anbauflächen auch über Nutzgärten verfügten, die den Haushalten zwar keine unabhängige Eigenversorgung ermöglichten, aber eine substanzielle Ergänzung der Kost gewährleisteten.

Teigwaren hingegen wurden selten in den einzelnen Haushalten hergestellt. Während Handmühlen in den Villen außerhalb Pompejis, aber auch in größeren Häusern der Stadt darauf hinweisen, dass hier Brot gebacken wurde, bezeugt die beachtliche Zahl von Bäckereien in der Stadt, dass der größere Teil der Bevölkerung sich dort versorgte, Teigwaren also fertig gebacken einkaufte. Dabei ist an die Bewohner kleiner Häuser und jene zu denken, die als Mieter in den Obergeschossen der *insulae* lebten. Interessanterweise gab es in Pompeji Bäckereien mit Mühlen und solche ohne. Die komplett ausgestatteten Betriebe mit in der Regel drei oder mehr Mühlen finden sich in allen Teilen der Stadt. Sie benötigten größere Höfe zum Betrieb der Mühlen, aber auch Lagerraum für das Getreide, da ausreichend große, öffentliche Speicherbauten (*horrea*) in der Stadt bislang nicht bekannt sind. Die kleineren Backstuben hingegen konzentrierten sich vornehmlich in der Altstadt und in gewerblich geprägten Lagen in der Nähe einiger Hauptstraßen. Möglicherweise war die Siedlungsdichte hier höher und damit der Bedarf entschieden größer. Wegen fehlender Mühlen waren die Backstuben auf die regelmäßige Anlieferung von Mehl angewiesen, das seiner begrenzten Haltbarkeit wegen schnell verarbeitet werden musste. Leider ist nicht zu sagen, ob diese Backstuben als Zweigstellen größerer Bäckereien eingerichtet und von diesen unterhalten und beliefert wurden.

Auch was die Gebrauchsgüter und Baumaterialien betrifft, war die Bewohnerschaft von einer Versorgung von außen abhängig. Für die Produktion von Dachziegeln oder Amphoren, aber auch der großen Tonfässer, bedurfte es eigener Tongruben, oder doch zumindest Manufakturen. Sowohl von den Holconii wie von den Eumachii sind Reihen namentlich gestempelter Amphoren und Dachziegel bekannt. So wissen wir, dass Lucius Eumachius, der Vater der Eumachia, eine solche Ziegelbrennerei betrieb, die nach Ausweis von Stempeln auch die kleine *villa rustica* in Boscoreale beliefert hat. Dem saisonabhängigen Bedarf an Amphoren entsprechend, produzierte man sie vornehmlich in den Sommer- und Vorerntemonaten, während die restliche Zeit des Jahres zur Herstellung von Ziegelsteinen oder Dachziegeln genutzt werden konnte.

Die bislang angeführten Beispiele einer Versorgung der Stadt von außen scheinen die Annahme, Pompeji sei reine Konsumentenstadt gewesen, vordergründig zu bestätigen. Jüngste Forschungen aber urteilen vorsichtiger, differenzierter und bemühen sich um eine angemessenere Berücksichtigung der begrenzten

Aussagekraft des einzelnen Befundes. Die Frage nach der Konsumentenstadt ist heute nicht mehr eindeutig mit ‹Ja› oder ‹Nein› zu beantworten. Mit Blick auf die Eigenproduktion der Stadt ist insbesondere die Vielfalt kleiner Werkstätten, die in geringen Mengen Güter des täglichen Bedarfs produzierten, ernster zu nehmen und genauer zu untersuchen. Schon ein Blick auf die bloße Zahl von *tabernae* weckt Zweifel daran, dass diese Läden allein dem Vertrieb landwirtschaftlicher Produkte aus dem Umland gedient hätten. Die organisierte Schaffung gewerblich zu nutzender Räume mit öffentlichen Mitteln, etwa bei der Errichtung der Stabianer Thermen (Abb. 9) oder der Forumsthermen, scheint eher verständlich, wenn sie mehr leisten sollte, als die Grundversorgung mit Lebensmitteln sicherzustellen.

Parallel zu diesen öffentlichen Maßnahmen begannen auch Privatpersonen mit der Errichtung von Ladenzeilen, die von vornherein als Gewerbeflächen mit geringem Wohnanteil geplant und vermietet wurden. Die dort ursprünglich ausgeübten Tätigkeiten sind uns allerdings nicht bekannt, da eben nur in seltenen Fällen Grabungen unter das Niveau von 79 n. Chr. durchgeführt wurden. Ebenso ist auch die spätere, kaiserzeitliche Nutzung vielfach nicht mehr zu rekonstruieren, denn ältere Ausgrabungen suchten nur nach Kunstwerken und haben kleine bzw. fragmentierte Fundstücke, die in der Summe vielfach ein genaueres Bild zeichnen, nicht dokumentiert.

Trotz der genannten Einschränkungen sind in den vergangenen Jahren vielversprechende Ansätze unternommen worden, der Vielfalt und Organisation des städtischen Handwerks auf die Spur zu kommen. Eine bis heute andauernde Diskussion kreist dabei um die Bedeutung der Textilverarbeitung. Aus makroökonomischer Perspektive war lange Jahre die Ansicht vertreten worden, Pompeji sei ein lokales Zentrum der Wollverarbeitung und Lieferant für externe Märkte gewesen. Dies, verbunden mit der Vorstellung von einer gildenähnlichen Organisation, in die alle Schichten der Bevölkerung einbezogen waren, gilt nach heutigem Wissensstand als überholt. Bei der Neubewertung spielt vor allem die Überprüfung der archäologischen Befunde eine Rolle. Die Becken, Tröge und Arbeitsflächen sowie die Halterungen für Kessel zum Erhitzen von Flüssigkeiten, die alle mit der Verarbeitung von Wolle in Verbindung gebracht worden sind, kommen nur in werkstattähnlichen Kontexten und Größenordnungen vor. Gleichzeitig gibt es keine archäologischen Funde, die Webstühle oder Spinnrocken als übliches Inventar pompejanischer Haushalte belegten. Nur ein Nachweis von etwa 50 Webgewichten aus dem kleinen Haus I 10, 8 gestattete danach die Annahme von ‹Heimarbeit› an einem einzigen Webstuhl.

So sehr diese Befunde für eine werkstattähnlich organisierte Textilproduktion außerhalb der Haushalte sprechen, so wenig lassen sie sich im Detail deuten. Von pompejanischen Graffiti kennt man zwar Tuchwalker (*fullones*), Färber (*tinctores*) oder Filzer (*coactiliarii*). Sämtliche Vorgänge des Entfettens der Wolle, der Reinigung, des Färbens und Filzens bedurften aber verschiedener Becken und der Vorrichtung zum Erhitzen von Flüssigkeit. Da im Zuge der Ausgrabungen viele dieser dünnwandigen und instabilen Einrichtungen zerstört worden sind, ist es heute oftmals nicht möglich, die Werkstätten hinsichtlich einzelner Arbeitsgänge spezifisch zu benennen und zu entscheiden, ob gegebenenfalls auch mehrere Tätigkeiten nebeneinander ausgeführt werden konnten.

Bei Untersuchungen der letzten Jahre ließen sich immerhin fünf Werkstätten identifizieren, die ausschließlich als Färbereien arbeiteten (*officinae infectoriae*). Im Gegensatz zu den *fullonicae*, den Werkstätten der Tuchwalker, handelt es sich mehrheitlich um kleinräumige Einrichtungen, die wenige, zu erhitzende Färbebottiche, aber keine großen Bassins mit Überläufen besaßen. Je nach Größe scheinen diese Bottiche für Einfärbungen mit Hilfe unterschiedlicher Farb- und Wirkstoffe verwendet worden zu sein.

Auch wenn man vor dem Hintergrund der erwähnten Graffiti neben den Walkereien und Färbereien selbständige Filzereien annimmt, wird man um die Einsicht nicht herumkommen, dass die wenigen Werkstätten auch bei straffster Arbeitsorganisation nicht ausreichten, um die Stadt zum Zentrum der campanischen Textilproduktion zu machen. Stattdessen fügen sie sich gut in das Bild einer Kleinstadt, die durchaus in der Lage war, den Bedarf ihrer Bewohner nach warmer und sauberer Kleidung zu decken.

Dies gilt vermutlich auch für die Verarbeitung von Tierhäuten und Leder. Bislang konnte zumindest eine größere Gerberei am Südrand der Stadt nachgewiesen werden. Die Untersuchung ihrer 15 runden Becken ergab, dass diese Werkstatt bereits vor dem Erdbeben von 62 bestand und ihre Kapazität von ursprünglich drei zunächst auf sieben und dann auf 15 Bottiche vergrößert wurde. Den Betrieb scheint man schließlich auf das benachbarte Grundstück ausgedehnt zu haben, um die Häute dort in Fließwasserbecken zu wässern und auf Tischen zuschneiden zu können. Da Verkaufsräume, die bei der Randlage der Gerberei auch kaum Laufkundschaft angezogen hätten, fehlen, wird man von der Belieferung separater Läden an den Hauptstraßen Pompejis ausgehen müssen.

Das hier skizzierte Bild ist auf andere Gewerbe zu übertragen, etwa die Metallverarbeitung. Auf der Basis literarischer Zeugnisse ging man lange Zeit davon aus, dass der kleinstädtische Bedarf durch Produkte aus Capua gedeckt worden sei. Mittlerweile konnten Werkstätten – nicht nur Läden – identifiziert werden, deren überraschend regelmäßige Verteilung über das Stadtgebiet erneut die Absicht einer Mindestversorgung mit Gebrauchsgütern nahelegt. Neben Haushaltswaren und Türangeln enthielt das Angebot auch Garten- und Arbeitsgerät. Aus einer Werkstatt vor dem Vesuv-Tor stammen die Teile einer knapp lebensgroßen, bronzenen Jünglingsfigur. Anspruchsvollere Metallarbeiten, darunter auch Silberfabrikate, scheint man in dem teilweise zu einem Atelier umgebauten Wohnhaus VI 7, 20–22 ausgeführt zu haben. Der wichtigste und in seiner Bedeutung bis heute nicht vollends ausgewertete Befund stammt allerdings aus zwei benachbarten Häusern an der Via di Nola. Neben mehreren Hundert Einzelstücken, sowohl figürlicher Statuetten als auch Dutzender von Gefäßteilen, können der zugehörige Laden und die im Inneren des Hauses zu lokalisierende Werkstatt identifiziert werden. Die Zurichtung einzelner Stücke spricht außerdem für die Rücknahme ausgedienter Geräte als Altmetall. Damit sind hinreichende Spuren einer differenzierten Metallverarbeitung in Pompeji vorhanden, die ein kleinstädtisches Gewerbe annehmen lassen, das selbst anspruchsvollere Gerätschaften des gehobenen Gebrauchs herstellte und diese gegebenenfalls auch erneuerte.

Die Erkenntnis, derzufolge die Kleinstadt die alltäglichen Bedürfnisse ihrer Bevölkerung zu einem guten Teil hat decken können, lässt sich durch den Nachweis weiterer Handwerksbranchen leicht bestätigen: Neben dem Atelier einer Malereiwerkstatt, in dem sich zahlreiche Töpfe mit Farbresten fanden, ist zum Beispiel auch die Herstellung von Tonlampen bekannt. Selbst gehobene Güter wie Parfüm wurden in Pompeji hergestellt. Dies sei etwas genauer betrachtet: Bei der Identifikation dieser ‹Duftküchen› spielt ein gemalter Fries aus der berühmten Casa dei Vettii (VI 15, 1. 27; Abb. 8) eine wichtige Rolle. Er zeigt eine Reihe von Szenen, in denen kleine geflügelte Eroten mit der Herstellung und dem Verkauf von Essenzen beschäftigt sind. Eine Presse dient der Gewinnung von Olivenöl, das als Träger der Duftstoffe diente. Blüten und andere Pflanzenbestandteile wurden zuerst in Mörsern zerrieben. Anschließend erhitzte man Öl und Inhaltsstoffe auf kleiner Flamme, um Verfärbungen und unschöne Geruchsveränderungen zu vermeiden. Große Mengen an Blütenblättern stammten, wie die paläobotanischen Untersuchungen der letzten Jahrzehnte gezeigt haben, aus ausgedehnter Blumenzucht in organisierten Gärtnereien. Vor allem für seine Rosen war Kampanien in der Antike berühmt.

Durch den Nachweis der charakteristischen Ölpressen sind zumindest drei Werkstätten für die Parfümherstellung im Bereich der Altstadt und näheren Umgebung des Forums bekannt. Verschiedene Hinweise sprechen dafür, dass mit der Produktion von Parfüms stattliche Gewinne zu erzielen waren. Derartige Erfolge mögen auch erklären, warum einige Parfümiers als Berufsgruppe in Wahlempfehlungen öffentlich für bestimmte Kandidaten warben und ihre Voten an der uns schon bekannten Nordostecke des Forums auf die Fassaden pinseln ließen. Auch in diesem Fall ist also von einer lokalen Grundversorgung durch die Herstellung eigener Parfüms auszugehen. Pompeji war weder eine reine Konsumenten- noch eine in erster Linie durch die

Güterproduktion bestimmte Stadt. Stattdessen scheinen beide Faktoren die städtische Wirtschaft so stark beeinflusst zu haben, dass ein angemessenes Verständnis nur zu erzielen sein wird, wenn zukünftige Untersuchungen stärker als bisher mikroökonomische Strukturen und Kreisläufe ins Auge fassen.

Ein Gewerbe, für das Pompeji Berühmtheit erlangte und welches ohne Parfüms auch in der Antike schon nicht auskam, ist noch nicht berücksichtigt worden: die Prostitution. Schon der Dichter Plautus spottete im 2. Jh. v. Chr. über die aufdringlichen Düfte, mit denen jene Damen lockten, deren Dienste man auf Roms Forum kaufen konnte. Das wird im kaiserzeitlichen Pompeji kaum anders gewesen sein. Von Bedeutung ist der pompejanische Befund deshalb, weil hier das einzige antike Bordell sicher überliefert ist. Einfachen Gemütern wurde es seit seiner Freilegung zum Sinnbild des lasterhaften Lebens der Pompejaner und ihrer sittlichen Verkommenheit, die durch den Ausbruch des Vesuv ihre gerechte Strafe erfuhr. Auch wenn sich die Prostitution bei Berücksichtigung aller Hinweise tatsächlich als ein in der Stadt an vielen Stellen anzutreffendes Gewerbe herausstellt, ist das allgemeine Verständnis des Phänomens doch zu differenzieren.

Die Lage des Bordells an einer der Altstadtkreuzungen, etwas abseits der verkehrsreichen Durchgangsstraßen, ist mit der Absicht der Pompejaner erklärt worden, den Besuch des Freudenhauses und die käufliche Liebe als Inbegriffe anstößigen Verhaltens dem Blick der Öffentlichkeit zu entziehen (Abb. 8). Mit einer großen Zahl von Läden und Werkstätten war das Quartier allerdings eines der lebendigsten der Stadt. Und das auffällig kleine Gebäude mit zwei Eingängen zu den angrenzenden Gassen, in dem die winzigen Zellen mit ihren gemauerten Bettstätten eng aneinander gedrängt liegen, war keineswegs abgeschieden vom Alltagsleben. Auch ließ es den Gedanken von Intimität gar nicht erst entstehen. Erotische Szenen oberhalb der Türen illustrierten die kurzen Freuden einer einfachen Kundschaft. War hier keine Dame zu bekommen, dann wandte man sich zwei Ecken weiter in eine der benachbarten Gassen. Denn dort, wie auch anderswo in der Stadt, fanden sich ebenfalls einzelne kleine Kammern mit direktem Zugang von der Straße, deren schmale Betten keine Zweifel daran aufkommen lassen, welches Gewerbe betrieben wurde. Wenn man jedoch annimmt, in den Gassen der Altstadt habe es ein ‹Rotlichtviertel› gegeben, übersieht man, dass die Kritzeleien an den Wänden des Lupanars vor allem auf Männer der unteren Schichten verweisen. Eine moralische Bewertung ihrer Begierden hätten sie kaum geteilt. Einige Hinweise auf namentlich bekannte Prostituierte stammen hingegen aus dem Umfeld kleiner Lokale in ‹angesehener Gegend› und legen die Unterbringung der Damen im Obergeschoß nahe. Für Angehörige der städtischen Elite wäre also zu fragen, ob sie ihre Gespielinnen nicht hier oder in deren eigenen, besseren Appartements aufsuchten. Vereinzelte Preisangaben, die uns wiederum aus den einfachen Zellen und von Graffiti bekannt sind, nennen kleine Beträge. Bei bekannten Dirnen betrug der Preis allerdings schnell ein Mehrfaches und lag deutlich oberhalb des Eintritts in die städtischen Bäder. Die Summen bewegen sich dennoch im Bereich alltäglicher Geldumsätze von einigen Assen oder wenigen Sesterzen.

Dürfte sich dies kaum von größeren Städten wie Capua, Neapel oder auch Rom unterschieden haben, so zeigt der Archivfund eines Geldverleihers, mit welch bescheidenen Dimensionen des sonstigen Geldverkehrs in der Kleinstadt Pompeji zu rechnen ist. Die auf den erhaltenen Schuldscheinen des Lucius Caecilius Iucundus ausgewiesenen Summen von wenigen Hundert bis hin zur Höchstmenge von gut 30 000 Sesterzen zeichnen selbst dann ein charakteristisches Bild, wenn Iucundus als Gläubiger ein Kleiner seiner Zunft gewesen sein sollte. Die Millionendarlehen, die von römischen Senatoren und Magistraten zum Ankauf vornehmer Wohnhäuser in den begehrtesten Lagen Roms aufgenommen wurden, gehörten in eine andere Welt.

Nachbarschaften wie im modernen Neapel – die Haushalte großer domus in Pompeji

Bei einem Besuch der Altstadt von Neapel wird dem aufmerksamen Passanten auch heute noch das enge Zusammenleben von Reich und Arm auffallen. Die nach außen hin oftmals etwas heruntergekommen wirkenden Stadtpaläste sind um ruhige Innenhöfe herum errichtet und beherbergen vor allem im ersten Obergeschoß wunderbar weitläufige Wohnungen, die oftmals drei oder gar alle vier Flügel des Gebäudes einnehmen. In stärkstem Kontrast dazu stehen die Kleinstwohnungen mit ein oder zwei Zimmerchen (*bassi*), die sich im Erdgeschoß direkt auf die Straße hin öffnen. Die täglichen Mahlzeiten und Hausarbeiten wie das Wäschewaschen erfolgen ganz selbstverständlich vor der Tür in der Gasse. Bereits ein kurzer Blick in diese Räume offenbart ihre Funktion als Wohn- und Schlafraum sowie Küche, Werkstatt und, wenn nötig, ‹Kinderzimmer›.

Auch wenn sich die sozialen und wirtschaftlichen Hintergründe dieses Nebeneinanders verändert haben, ergeben sich aus dieser Beobachtung heutigen Wohnens in Neapel interessante Parallelen zu einigen Eigenheiten in der Wohnarchitektur Pompejis. Dies ist umso wichtiger, als die antike Architektur ein bedeutendes Zeugnis für die Organisation von Produktion und Handel und die gesellschaftlichen Hintergründe der städtischen Wirtschaft darstellt. Während sich eine Reihe von Hinweisen auf die verzweigte lokale Herstellung unterschiedlicher Güter ergeben hatte, blieb offen, inwieweit es sich dabei um selbständig oder aber abhängig wirtschaftende Personen handelte. Auch wenn der architektonische Befund diese Frage nicht konkret beantworten kann, schränkt er die Vielfalt von Erklärungsansätzen ein und ist daher genauer zu untersuchen.

Von Ladenreihen ist schon im Zusammenhang mit der Errichtung der Stabianer und der Forumsthermen gegen Ende des 2. Jh.s die Rede gewesen. Solche Reihen von *tabernae* finden sich vielfach auch an den Rändern großer Stadthäuser, entlang der verkehrsreichen Straßen. Insofern passt das sogenannte Haus der Postumier (VIII 4, 4.49; Abb. 9) – die Identifizierung ist nicht gesichert – gut in dieses Bild. Es liegt direkt gegenüber von den Stabianer Thermen, dort, wo die Via dei Teatri von der Via dell'Abbondanza abzweigt, um auf kürzestem Weg zum Forum Triangolare und den Theatern zu führen. Von der Straße aus war kaum zu erkennen, dass hier ein zwar nicht luxuriöses, aber dennoch komfortables Stadthaus lag.

Nach Norden und Westen, aber auch nach Süden zur Via del Tempio di Iside hin nahmen ausschließlich Läden die Straßenfronten ein. Welche Gewerbe hier ansässig waren, ist heute nur in Einzelfällen noch zu rekonstruieren. So lassen sich etwa eine kleine Metallwerkstatt und eine Garküche identifizieren. Interessanter für unseren Zusammenhang sind jüngste Beobachtungen zu den Besitzverhältnissen. Danach dürften mindestens acht der zehn angrenzenden Läden zu demselben Grundbesitz gehört haben. Das ergibt sich zum einen aus der Anbindung einzelner *tabernae* an das Stadthaus mittels rückwärtiger Türen. In anderen Fällen kann die Zugehörigkeit durch die Geschichte des Baukomplexes und Beobachtungen zur gemeinsamen Ableitung von Abwässern wahrscheinlich gemacht werden.

Damit stellt sich allerdings die Frage, warum einzelne Läden vom Haus aus zu betreten waren, andere dagegen nur von der Straße her. Es liegt nahe, darin Hinweise auf unterschiedliche Abhängigkeitsverhältnisse und verschiedenartige Kontrollmöglichkeiten zu sehen. Die Läden an der Via dell'Abbondanza dürften demnach im Auftrag des Hausbesitzers von Sklaven oder Freigelassenen geführt worden sein. Bei vier *tabernae* an der westlichen Via dei Teatri fehlt hingegen eine Verbindung zum Haus; zudem besaßen sie eingezogene Zwischendecken mit steilen Stiegen und jeweils eine eigene Latrine, mithin eine für Wohnzwecke hinreichende Ausstattung. Dass diese *tabernae* tatsächlich nicht ausschließlich Verkaufsläden waren, sondern bewohnt worden sind, lässt sich der Art der Türschwellen entnehmen. Nach Schließung der Ladenöffnung mit Hilfe von Schiebeläden blieb an einer Seite eine schmale Öffnung, die sogenannte Nachttür, die das Betreten und Verlassen der *taberna* auch außerhalb der ‹Öffnungszeiten› gestattete. Es ist also davon auszugehen, dass jene Läden gleichzeitig auch als Wohnraum genutzt wurden. Wie Reste von einfachen Freskomalereien aus den Hinterzimmern zeigen, sorgte man sich um ein Mindestmaß an wohnlicher Behaglichkeit. Ohne die Zahl der Bewohner genau berechnen zu können, ist doch davon auszugehen, dass hier eine Kleinfamilie ihr Zuhause hatte. Bei den Bewohnern wird es sich daher am ehesten um Mieter oder Pächter gehandelt haben.

Woher aber stammten die Waren oder Lebensmittel, die in diesen *tabernae* verarbeitet und gehandelt wurden? Erzielte der Hausbesitzer auf Gütern im Umland Pompejis Ernteerträge, die er in der Stadt verkaufen ließ? Was für die reichen und namhaften Familien der Holconier und Eumachier wahrscheinlich zu machen ist, bleibt im Falle landwirtschaftlicher Erzeugnisse und kleingewerblicher Produktion in aller Regel unbekannt. Der Befund des Postumier-Hauses eröffnet jedoch interessante Einblicke in die Verarbeitung von Nahrungsmitteln in größerem Stil. Auf Höhe des Gartens besaß diese *domus* im Osten einen in der Forschung üblicherweise als Küche bezeichneten langgestreckten Raum (Abb. 9), in dem sich neben Kochstelle und Latrine auch mehrere Becken und eine Vorrichtung zum Erhitzen größerer Mengen von Flüssigkeit befanden. Eine eigene Bleileitung für Frischwasser sowie zwei ehemals dort vorhandene steinerne Tischplatten sprechen für eine Nutzung auch als hauseigene Werkstatt. War man in Verbindung mit einem Graffito zunächst von der Fleischverarbeitung ausgegangen, so hat sich mittlerweile herausgestellt, dass es sich eher um eine Textilwerkstatt, wohl um eine Filzerei, handeln muss. Das würde zudem den exzessiven Wasserbedarf besser erklären. Eine solche Nutzung ließ sich temporär organisieren; man produzierte saisonal, lagerte und verkaufte anschließend über die eigenen Läden an der Straße.

Art und Menge der Nahrungsmittel sowie die Ausstattung der Küche im Haus der Postumier unterstreichen die Bedeutung der ‹Heimarbeit› bzw. -produktion als einen für die Versorgung der Stadt wichtigen Wirtschaftszweig. Die Verarbeitung war eindeutig auf zusätzlichen Profit ausgerichtet und sicherte dem Hausherrn – ebenso wie die Vermietung der Läden – ein zusätzliches Bareinkommen. Bedenkt man, dass die überwiegende Zahl von Besitzern anspruchsvoller Stadthäuser keiner geregelten Arbeit nachging, die ihnen ein Mindesteinkommen in Form von Bargeld garantiert hätte, wird verständlich, welchen Stellenwert Mieteinnahmen und Verkaufserlöse für die Deckung des täglichen Bedarfs einnahmen.

Der Gebäudekomplex der Postumier bestand allerdings nicht

nur aus dem internen Stadthaus und den umliegenden Läden. An der Nordostecke haben sich Eingang, Treppenantritt und die Wohnungstür im Obergeschoß erhalten, um mit Sicherheit ein eigenständiges Apartment im ersten Stock rekonstruieren zu können. Diese Wohnung verfügte über mindestens drei Räume und erstreckte sich auch entlang der Nordfassade des Gebäudes, das durchgehend wenigstens zweistöckig war. Da aus antiken Rechtsquellen keinerlei Hinweis auf die Existenz von separaten Eigentumswohnungen bekannt ist, muss dieses Apartment derselben Immobilie von Stadthaus und Läden zugerechnet werden. Es handelt sich also zweifelsfrei um eine Mietwohnung. Leider sind uns weder ihre Bewohner noch deren soziale Herkunft bekannt.

In einer anderen großen *domus*, dem ‹Haus des Menander› (I 10, 4.14.17), das nach einem Fresko des griechischen Komödiendichters so benannt wurde, ist zuletzt die Identifikation von Sklavenwohnungen innerhalb eines Haushaltes geglückt. Die zahlreichen Räume im Wirtschaftstrakt lassen sich aufgrund ihrer Ausstattung und der vergleichsweise gut dokumentierten Fundobjekte genauer bestimmen. Statt sie wie bisher als Lagerräume zu verstehen, ist es gelungen, mindestens sechs separate Raumgruppen zu unterscheiden, die über Wohn- bzw. Schlafräume, eine Kochstelle, eigene Wasserversorgung und eine Latrine verfügten. Ihre Verteilung und die Anbindung an die gehobenen Wohnbereiche der *domus* ermöglichen es, die Zuständigkeit der dort Lebenden für bestimmte Versorgungsbereiche des Haushalts zu erschließen, z. B. die Bevorratung, die Feuerung des Bades und des Backofens, die Organisation der Hauswirtschaft und schließlich die Kontrolle des Hauseingangs.

Damit zu den zahlreichen Nachbarschaften, die sich aus einem Sklavenhaushalt, den Ladenbetreibern und selbständigen Mietparteien zusammensetzten und sich aus dem Befund der bekannten *Insula Arriana Polliana* (VI 6; Abb. 15) ablesen lassen. Das Verständnis der Architektur wird in diesem Fall durch eine Mietanzeige erleichtert, die sich ursprünglich nahe der Südwestecke des Gebäudes befunden hatte und dieses als *Insula Arriana Polliana* benennt. In der Anzeige heißt es frei übertragen: «Insula

Abb. 15: Pompeji, Insula Arriana Polliana (VI 6), Grundriss und östlicher Abschnitt der Südfassade des Gebäudes

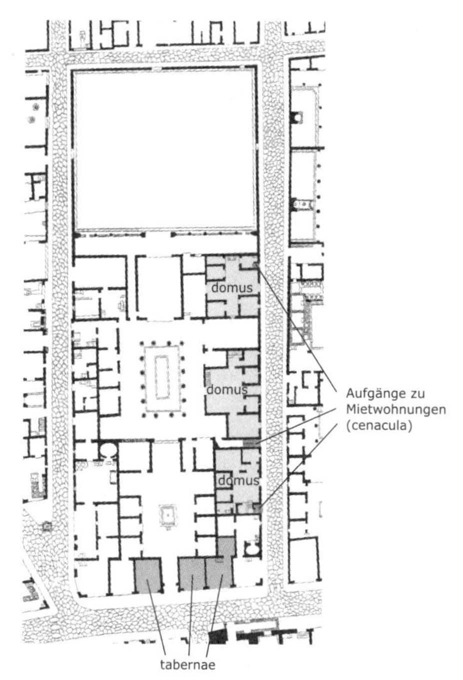

Arriana Polliana des Cnaeus Alleius Nigidius Maius: Es werden vom nächsten 1. Juli an Ladenwohnungen mit Hängeböden, großzügig ausgelegte Apartments und Wohnhäuser vermietet. Interessenten wenden sich an Primus, den Sklaven des Cnaeus Alleius Nigidius Maius.» Die in dieser Aufschrift zur Vermietung angebotenen Wohneinheiten (*tabernae cum pergulis suis et c[e]nacula equestria et domus*) sind jüngst überzeugend auf den architektonischen Befund des gesamten Insulakomplexes bezogen worden. Danach stand zwar nicht das große Stadthaus selbst zur Vermietung an, dafür aber die an der Ostseite liegenden Wohnhäuser (*domus*), weitere, über separate Treppen zugängliche Mieteinheiten in den Obergeschossen (*cenacula*) und einige Läden mit Zwischenböden. Bei letzteren wird es sich um wenigstens drei der *tabernae* an der südlichen Hauptstraße, der Via delle Terme, handeln, also Ladenwohnungen in ökonomisch bester Lage. Hier kam nahezu jeder vorbei, der die Stadt aus Neapel kommend betrat oder sie in Richtung der Metropole verließ. Bis auf einen Laden mit rückwärtigem Durchgang handelte es sich um eigenständige Einheiten, die sich zur Vermietung geradezu anboten. Dass sie tatsächlich zu einem einzigen Grundbesitz gehörten, beweisen auch die einheitlich errichtete Fassade und die unter den Läden sich durchgängig erstreckende große Zisterne.

Die abschließende Aufforderung, sich bei Interesse an den Sklaven Primus zu wenden, führt zudem vor Augen, wie eng und vertrauensvoll die anstehende Vermietung zwischen Besitzer und abhängigem Sklaven abgesprochen war. Bemerkenswerterweise schrieb die Annonce nur Wohnraum aus. Die zwei Bäckereien im Westen und Osten, die beide über Verkaufsmöglichkeiten in den Eckläden der Insula verfügten, waren offensichtlich schon längerfristig verpachtet worden. Auch das eigentliche Stadthaus stand nicht zur Disposition. Möglicherweise residierte hier Alleius Nigidius Maius selbst. Der Mann zählte in den letzten Jahren Pompejis zu den einflussreichsten Bürgern der Stadt und erhielt nach der Stiftung aufwendiger Spiele im Amphitheater den Ehrentitel als größter Mäzen der Stadt (*princeps munerariorum*).

Die Dimensionen des Hauses, die Errichtung eines riesigen Speisesalons hinter dem Garten und der Fund einer bronzenen

Statuengruppe von Bacchus und Satyr künden ebenfalls vom Wohlstand und sozialen Ansehen dieser Person. Und sie sprechen gegen die lange Zeit vertretene Ansicht, wonach das Haus nach dem Erdbeben verlassen worden sei und sich Nigidius wie viele seiner Standesgenossen auf ein Gut im Umland Pompejis zurückgezogen habe. Dies entsprach der Vorstellung, das Beben habe auch eine soziale Erschütterung ausgelöst. Alteingesessene Familien hätten der zerstörten Stadt den Rücken gekehrt – man sprach sogar von einer regelrechten Stadtflucht – und damit neureichen Freigelassenen die Übernahme der führenden Ämter und wachsenden Einfluss ermöglicht. Diese auch in neueren Publikationen immer noch zu lesende Interpretation ist falsch und wird weder durch archäologische Befunde noch durch Inschriften oder die antike Namenskunde (Prosopographie) gestützt. Vielmehr muss davon ausgegangen werden, dass Familien ohne Nachkommen aufstrebende Personen des ehemaligen Sklavenstandes begünstigten und ihnen im Einzelfall testamentarisch Eigentum überschrieben, um damit den Erhalt des Besitzes zu sichern. Alleius Nigidius Maius selbst hat vermutlich von einer solchen Regelung profitiert.

Das Haus, das er bewohnte, war damals schon gut 200 Jahre alt. Die Fassade aus Tuffquadern mit kunstvoll ausgearbeiteten Kapitellen, der breite Eingang, der den Blick tief in das Innere des Hauses gewährte, und die enorme Eintrittshalle (*atrium*) mit ihrer symmetrischen Verteilung der Räume und Türen lassen die Ruine noch heute ausgesprochen großzügig und nobel erscheinen. Wer als antiker Besucher bis in das Gartenperistyl vorgelassen wurde, wusste sofort: Er befand sich in einem der anspruchsvollsten Anwesen der Stadt. So hatte nur bauen können, wer über ausreichend Grund verfügte und innerhalb der dicht bebauten Stadt keine Rücksicht auf Nachbarhäuser nehmen musste. Auch der Grundriss verrät also einiges über Anspruch und Auftreten der einstigen Bauherren. Dies zeigt auch ein Vergleich mit anderen Stadtpalästen der vorrömischen Zeit.

Zur Geschichte des anspruchsvollen Wohnens in der Stadt

Wohnen in einem hellenistischen Palast – das Haus des Fauns

Vor allem die Vielzahl der durch die Ausgrabungen freigelegten Wohnhäuser mit den zahlreichen gut erhaltenen Fresken und Mosaiken haben die Berühmtheit Pompejis befördert und es auch bekannter werden lassen als die Nachbarstadt Herculaneum. Obwohl dort die kaiserzeitlichen Wanddekorationen von ausgesprochener Raffinesse und die verwendeten Farben nicht selten kostspieliger waren als die pompejanischen, ist es Pompeji, das unsere Vorstellungen von römischer Wohnkultur geprägt hat. Dabei wird in der Regel übersehen, dass die großen Stadtpaläste wie der Komplex der späteren *Insula Arriana Polliana* (Abb. 15) oder das Haus des Fauns (Abb. 16) bereits in vorrömischer Zeit errichtet und von samnitischen Familien bewohnt worden waren: Im frühen und mittleren 2. Jh. v. Chr. konnten die Senatorenhäuser Roms mit jenen am Golf von Neapel nicht konkurrieren. Mit annähernd 3000 m² Grundfläche nahm das Haus des Fauns ein ganzes Straßengeviert ein. Berücksichtigt man neben der Ausdehnung auch die Tatsache, dass ehemals durchgängig Obergeschosse vorhanden waren, dann kommen für ein solches Anwesen inmitten der Stadt als Vergleich nur die königlichen Paläste der hellenistischen Metropolen des östlichen Mittelmeers in Frage. Einen Wohnluxus dieser Art hatten italische Kaufleute im Zuge der Expansion Roms seit dem frühen 2. Jh. v. Chr. kennengelernt und in Italien mit großem Geschick nachgeahmt.

Das Haus des Fauns liegt nicht zufällig an der Via della Fortuna, einer der beiden Ost-West-Achsen der Stadt. Von den Eliten der Städte wurde öffentliche Präsenz erwartet, in jeder Hinsicht. Das galt auch für ihre Häuser, deren Fassaden im Stadt-

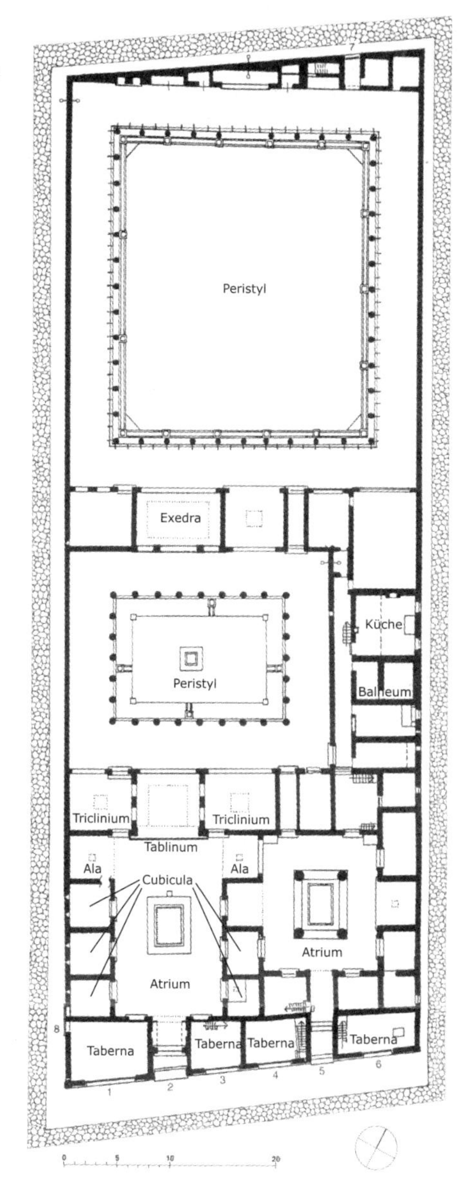

Abb. 16: Pompeji, Haus des Fauns (VI 12, 2.5), Grundriss des Gebäudes

bild nach Möglichkeit Akzente setzten. Nicht nur die Breite der Hausfront entlang der Straße, auch die verwendeten Baumaterialien und der Fassadenschmuck in Form von Kapitellen und Wandvorlagen (Lisenen) hoben die Anwesen aus der umliegenden Bebauung heraus. Während die ehemals sehr prominent an der Ostseite des Forums liegenden Stadtpaläste später abgerissen und überbaut worden sind, gewinnen wir vor allem mit Hilfe des Hauses des Fauns einen Eindruck von der Wohnqualität, die solche Stadthäuser boten. Wie schon bei der *Insula Arriana Polliana* (Abb. 15) flankieren auch hier Läden die beiden Eingänge, von denen der östliche erst im Zuge eines Umbaus gegen Ende des 2. Jh.s geschaffen wurde. Zwei der vier *tabernae* verfügten über Zugänge zum Haus, in den anderen beiden führten Treppen zu bewohnbaren Zwischengeschossen. Auch hier hatte der Bauherr von vornherein in die Anlage vermietbaren Wohn- und Geschäftsraums investiert. Zwischen den Läden führten die beiden von hohen Pfeilern flankierten Eingänge in das Innere. Der Stadtpalast selbst ist eines von wenigen pompejanischen Häusern, das durch zwei repräsentativ ausgestattete Vorhallen (*atria*) auffiel. Wie sehr der Begriff ‹Palast› zutrifft, wird deutlich, wenn man sich die Wirkung des Gebäudes auf den Eintretenden vorstellt.

Die Vorhallen ragten weit in die Höhe. Ihre Wände imitierten ein aus verschiedensten Steinsorten gefügtes Quadermauerwerk, dessen Oberfläche nicht allein verschiedenfarbig bemalt, sondern in Stuck tatsächlich plastisch ausgeformt gewesen ist (Erster pompejanischer Stil). Am Beispiel der pompejanischen Basilika ist bereits darauf hingewiesen worden, dass ein solcher Dekor aus der öffentlichen Architektur entlehnt wurde und die Pracht städtischer Bauten nachahmte. Dies wird besonders an der vorgetäuschten Zweigeschossigkeit der Atrien deutlich. Reste der Stuckierung erlauben die Rekonstruktion einer aus Halbsäulen gebildeten Galerie, die im oberen Wandbereich umlief. Zwischen den Säulen müssen Brüstungen existiert haben, die den Eindruck einer Porticus mit dahinter anschließenden Wohnräumen erwecken sollten. Dies lenkt den Blick auf die Türen.

Genaueres Hinsehen offenbart, dass es ungeachtet der Raumform und -größe der an das *atrium* angrenzenden Zimmer nicht nur darum ging, die Türöffnungen symmetrisch, sondern auch in gleichen Abständen anzuordnen. Da sie zudem dieselben Maße hatten, war nur dem Kenner solcher Paläste bekannt, welche Wohnräume er hinter diesen Durchgängen erwarten konnte. Waren die vorderen Zimmer durch sehr schlanke Doppelschwingtüren geschlossen, so öffneten sich im hinteren Abschnitt des Atrium zu beiden Seiten die *alae* und in der Achse des Eingangs das *tablinum*. Diese Räume könnten bei kleinen Gesellschaften als Empfangszimmer gedient haben.

Die strenge Ordnung des etwas kleineren, östlichen *atrium* wird vorstellbar, wenn man es – wie ursprünglich geplant – von Westen her betritt. Auch hier lag dem Eintretenden ein *tablinum* gegenüber, und die übrigen Türen nahmen symmetrisch aufeinander Bezug. Wer als Besucher bis hierhin vorgelassen wurde, sah sich zwei großen bronzebeschlagenen Truhen gegenüber, die als Behältnisse für Edelmetall und Geld untrügliches Zeichen des Wohlstands waren. Auch wenn wir nicht wissen, ob Flügeltüren in der Antike üblicherweise offen standen oder geschlossen waren, darf vermutet werden, dass ihre große Zahl zugleich die Weitläufigkeit eines Anwesens unterstreichen sollte: Innerhalb der Stadt ein Haus mit zwei benachbarten Atrien zu bewohnen, an die weitere Wohnräume in jeder Himmelsrichtung anschlossen, ließ auf Anhieb den Einfluss und die nahezu unbegrenzten Möglichkeiten des Bauherrn augenfällig werden. Vor diesem Hintergrund wird verständlich, warum man in kleineren Stadthäusern so gerne Scheintüren an die Wände malte.

Sind von der Wanddekoration im Haus des Fauns nurmehr spärliche Reste erhalten, so vermitteln die Bodenbeläge ein umso reicheres Bild. Geometrisch zugeschnittene kleine Platten aus buntem Gestein ließ man zu kostbar gepflasterten Böden, etwa im Regenwasserbecken (*impluvium*) oder im *tablinum*, verlegen. An der Schwelle zur Vorhalle lag ein reich verziertes Mosaik. Die hier dargestellten Theatermasken der Tragödie weisen auf Dionysos hin und sind am ehesten mit jenen Vereinen professioneller Schauspieler (Techniten) in Beziehung zu setzen, die in Prozessionen zu Ehren des Gottes auftraten. In den angrenzenden Zimmern fanden sich dagegen Motive, die auf die Komödie anspielen und auf diese Weise den intimeren Charakter des Ambientes verdeutlichten. Aus einem der beiden Speiseräume (*triclinia*) zu seiten des *tablinum* stammt das berühmte Fischmosaik, das zoologisch exakt eine bunte Vielfalt kostbarer Speisefische abbildet, während in den *alae* aus Karthago übernommene sog. Punische Pavimente mit Mosaikbildern von Geflügel und Meeresfrüchten kombiniert wurden. Wohl am Rande des *impluvium* stand ursprünglich die Statuette des Fauns, der dem Haus seinen Namen gab und dessen Kopie heute inmitten des Beckens aufgestellt ist.

Die Zahl und unterschiedliche Ausstattung der Wohnräume in beiden Vorhallen gestattete dem Hausherrn die Wahl eines je nach Anlass geeigneten Ambientes. Es überrascht daher umso mehr, dass von den rückwärtigen Säulenhöfen (Peristyl) nur wenige Zimmer zugänglich waren. Für den Zeitgenossen muss es vor allem die Weite der beiden Gartentrakte gewesen sein, die bestach. Die Portiken konnten als Wandelgänge genutzt werden, in den Innenhöfen dürften Platanen Schatten gespendet und zum Verweilen eingeladen haben. Zunächst war nur das kleinere Peristyl errichtet worden. Erst im Zuge der Anlage des zweiten Hofes schuf der Besitzer auch die zwischen beiden Gärten liegenden Zimmer. Vor allem die nach Süden orientierte *exedra* mit ihrer weiten Öffnung verdient Beachtung. Hier fand man das Alexander-Mosaik mit der Darstellung der Schlacht der Makedonen unter Alexander gegen das Heer des Perserkönigs Dareios, das sich heute im Museum in Neapel befindet. Es bedeckte mit etwa 1,5 Millionen Steinchen auf annähernd 20 m^2 Fläche nahezu den gesamten Boden des Raumes. Als einziger zum Peristyl geöffneter Raum kann diese *exedra* jedoch nicht nur Ausstellungsraum für das Mosaik gewesen sein.

Die Forschung ist sich darin einig, dass das Mosaik die Übertragung eines Gemäldes aus der Zeit um 300 v. Chr. in Stein sei. Seine Platzierung, die Qualität und das Thema machen es allerdings zu weit mehr als der bloßen Kopie eines berühmten Kunstwerks. Es stellt sich die Frage, warum ein Bewohner Pompejis sich 200 Jahre nach den Siegen des griechischen Heerführers Alexander ein derart aufwendiges Mosaikgemälde mit der

Darstellung eines Erfolges über die Perser in sein Stadthaus legen ließ. Dies würde am ehesten verständlich, wenn sich eine Beziehung der Familie des Hausbesitzers zu den Kriegszügen im Osten erweisen ließe. F. Zevi hat deshalb mit Blick auf literarische Quellen vermutet, dass Vorfahren des Bewohners aus dem süditalischen Raum an diesen Kriegen beteiligt gewesen seien. Der uns namentlich nicht bekannte Nachkomme und Hausherr hätte mit der Verlegung des Mosaiks also auf die weit zurückreichende Tradition seiner Familie und die militärischen Verdienste seiner Vorfahren hinweisen wollen.

Wenngleich der Stadtpalast des Fauns eine Ausnahme darstellt, so bestätigt eine Reihe weiterer *domus* die soeben beschriebenen Merkmale. Ausgrabungen italienischer Kollegen in den letzten 10 Jahren förderten Hinweise darauf zutage, dass betuchte Bauherren seit etwa der Mitte des 2. Jh.s v. Chr. zunehmend bemüht waren, Nachbargrundstücke aufzukaufen und so große Wohnhäuser entstehen zu lassen. Es ging dabei darum, große Säulenhöfe zu errichten, die von Portiken gesäumt wurden. An diese Portiken grenzten nur wenige Räume oder einfache Alkoven. Hierher scheint man sich gerne zurückgezogen zu haben, um Licht, Luft und Ruhe zu genießen und die Portiken als Wandelhallen zu nutzen. Dieser Prozess erscheint umso bemerkenswerter, als die Stadt spätestens seit dem 3. Jh. v. Chr. dicht bebaut gewesen zu sein scheint. Die Erweiterung der eigenen ‹vier Wände› stieß damit oftmals auf Probleme und endete mit Kompromissen, in deren Zug nur eine oder zwei Portiken um ein sehr kleines Gartenareal entstehen konnten. Insbesondere der Einfluss hellenistischer Architektur auf die einfachere Wohnbebauung ist kaum mehr nachzuvollziehen. Zwar hat der römische Architekt Vitruv über ein Jahrhundert später (um 25 v. Chr.) versucht, Proportionen und Gestaltungsmerkmale des Atriumhauses im Rahmen eines Handbuches zur Architektur systematisch zu erfassen, seine zu schematischen Vorstellungen aber werden der Situation in Pompeji nur bedingt gerecht.

Wie groß das Spektrum der städtischen Wohnbebauung im 3. Jh. v. Chr. war, bleibt vorerst unbekannt, da sich unter den erhaltenen Wänden und Böden der späteren und umgebauten

Gebäude bislang nur wenige zusammenhängende Strukturen nachweisen ließen. Danach hat es neben einfachen Häusern mit kleinen, offenen Höfen auch Atriumhäuser gegeben, deren Hallen ganz oder teilweise überdacht waren und Regenwasser über Bodenbecken in Zisternen leiten konnten. Ihr Vorhandensein sowohl in der nordwestlichen Regio VI als auch in der südöstlichen Regio I der Stadt spricht dafür, dass spätestens um 200 v. Chr. weite Teile des ummauerten Stadtgebietes fast lückenlos bebaut waren.

Die Rolle des Fauns-Hauses als ‹Kronzeuge› für die Rekonstruktion hellenistischer Wohnkultur in Pompeji beruht aber nicht auf einem Zufall, im Gegenteil: Bei dem Verzicht auf jedwede moderne Erneuerung der Wanddekoration und Böden und bei der Konservierung des Hauses in seinem Zustand der vorrömischen Phase muss es sich um eine programmatische Entscheidung gehandelt haben: Auf Seiten der Besitzer entschloss man sich im Laufe des 1. Jh.s v. Chr., vermutlich im Zuge der Koloniegründung der Stadt, den Palast als eine Art Denkmal zu erhalten. Es scheint so, als habe man damit gleichfalls auf die Geschichte und lokale Herkunft der Familie hinweisen wollen. Während selbst kleinste Häuser in der Kaiserzeit der Mode griechischer Mythen auf den Wänden verfielen, wähnte man sich im Haus des Fauns in guter alter Zeit. Leider ist es bis heute nicht geglückt, den Palast überzeugend mit einem der wenigen überlieferten Namen des vorrömischen Pompeji zu verbinden.

Die wachsenden Ansprüche römischer Bürger – das Haus des Labyrinths und die Mysterienvilla

Mit der Erhebung zur Kolonie und der Ansiedlung von bis zu 2000 Veteranenfamilien muss es in der Stadt zu erheblichen Umbrüchen gekommen sein. Ob und wie viele Grundstücke und Häuser enteignet und neuen Siedlern zugeteilt worden sind, bleibt unklar, zumal es Anzeichen dafür gibt, dass ein nicht unerheblicher Teil der Kolonisten im Weichbild der Stadt Land erhielt und gar nicht in Pompeji selbst wohnte. Ungeachtet dessen müssen zahlreiche andere Familien in der Stadt Quartier bezo-

Abb. 17: Pompeji, Haus des Labyrinths (VI 11, 8–10), Ostwand des großen Saales mit innerer Säulenstellung und Dekoration Zweiten Stils (um 50 v. Chr.)

gen haben. Die Frage, ob dies archäologisch Spuren hinterlassen hat, ist nicht zufällig von historischer Seite gestellt worden. Die Archäologen hat lange Zeit ein ganz anderes Problem beschäftigt.

Parallel zu den genannten Veränderungen ist eine Abkehr von dem seit Generationen gültigen Dekorationssystem des sogenannten Ersten Stils zu beobachten (Abb. 17): Die aufwendige plastische Stuckierung der Wände wird aufgegeben und durch reine Malerei ersetzt. Das Leitbild, architektonisch sehr aufwendig gegliederte Wände vorzuführen, blieb allerdings bestehen und wurde bis hin zur Vorführung illusionistischer Tiefenräumlichkeit und der Inszenierung gerahmter Ausblicke in phantastische Heiligtumsbezirke gesteigert. Die eine den Raum begrenzende Wand zerfiel somit in mehrere Schichten: eine vorgelegte Säulenstellung, den Mittelgrund mit halbhohen Scherwänden und darüber den punktuell in die Tiefe führenden Aussichten. Dieser Zweite Stil lebte von dem kunstvollen Spiel mit Verkürzungen und optischen Täuschungen, die nur deshalb überzeugend wirkten, weil man die Proportionen und Maße gebauter Architektur wie im Ersten Stil beibehielt. Anregungen für die Gestaltung und Gliederung der einzelnen Wände kamen auch aus dem Bereich der Bühnenarchitektur. Vor allem die Wiedergabe von mehreren Portalen mit reicher architektonischer Einfassung führte dazu, die gesamte Wand als Wiedergabe einer Bühnenfassade (*scaenae frons*) zu verstehen. Dies schien umso überzeugender, als auch Farbwerte realistisch wiedergegeben wurden. Metallene Auflagen schimmerten ebenso wie Gefäße in bronzenen Tönen, Masken und Vögel belebten in bunten Farben die Szenerie, und vor blauem Grund verschwammen in der Ferne Portiken und Tempel im hellen Licht der weitläufigen Höfe.

Dieser Zweite Stil ist von den Kolonisten aus Mittelitalien mit nach Pompeji gebracht worden. In Rom hatte man die Möglichkeiten perspektivischer Malerei zu dieser Zeit schon seit etwa einer Generation erprobt. Für Pompeji ergibt sich daraus die für die Forschung spannende Frage, ob die von den Veteranen übernommenen oder neu errichteten Häuser an ihrer Ausmalung im Zweiten Stil zu erkennen seien.

Neubauten durchaus anspruchsvoller Wohnhäuser aus den ersten Jahrzehnten der Kolonie sind insbesondere im Bereich der Stadtmauer im Westen und Süden zu beobachten. Einerseits bedeuteten der Abriss oder das Überbauen des Verteidigungswalls nach dem Ende des Bundesgenossenkrieges keine Gefährdung der Stadt, zum anderen bot der Steilabfall an diesen Stellen die Möglichkeit, Terrassenhäuser zu errichten. Aus Portiken oder großen Salons, die sich mit weiten Fenstern zur Landschaft öffneten, genoss man von hier aus einen phantastischen Blick auf den Golf, die ihn abschirmenden Berge und die Inseln. Tatsächlich sind in diesen Häusern hervorragende Reste von Dekorationen Zweiten Stils erhalten geblieben, auch wenn ganze Geschosse später mit kaiserzeitlichen Malereien versehen wurden.

Sehr viel schwieriger gestaltet sich die Argumentation im Falle der in der Stadt gelegenen Wohnbauten. Die Bau- und Nutzungsgeschichten einzelner Häuser sind nur in wenigen Fällen genau untersucht worden und reichen selten in die Frühzeit der Kolonie zurück. Daher ist es schwierig auszumachen, in welchem Maße Umbauten der bestehenden Architektur vorgenommen und angrenzende Grundstücke ganz oder teilweise aufgekauft worden sind. Der Blick für diese Problematik hat sich erst in den letzten Jahren geschärft. Hier helfen zunächst die Insulen weiter, in denen die ältere und kleinteilige Parzellierung von Grundstücken anhand durchlaufender Grenzmauern noch gut erkennbar ist. Vor allem in der nördlichen Regio VI, aber auch in der Altstadt und in der Nähe der Hauptstraßen finden sich eine Reihe von Beispielen, die das Bemühen um den Erwerb einer größeren *domus* zeigen. Der Ankauf benachbarten Grundes ging in vielen Fällen mit der Anlage von Peristylen und neuer Wohnräume einher. Anders als noch in den samnitischen Stadthäusern sollten die besten Salons jetzt an den Portiken liegen und sich zum Garten öffnen.

Das eindrucksvollste Beispiel einer solchen *domus* stellt das Haus des Labyrinths dar. Wahrscheinlich ist es aus mehreren zunächst selbständigen Einheiten zusammengewachsen. Erst gegen die Mitte des 1. Jh.s v. Chr. scheint dann das sehr große Peristyl mit den im Norden anschließenden Räumen angelegt worden zu sein. Da an der westlichen und östlichen Langseite keine weiteren Zimmer lagen, ergab sich ein spannungsvolles Gegenüber von altehrwürdigem Atriumhaus im Süden, dem Gartentrakt in der Mitte und den neuen Salons im Norden, in der Tiefe des Hauses und weit entfernt vom Eingang. Gäste, die in dieser neuen Suite empfangen wurden, mussten zuvor also das gesamte Anwesen durchschreiten und erhielten auf diese Weise eine Vorstellung von seiner Ausdehnung, der Raumvielfalt und der Qualität der Ausstattung.

Die neue Raumfolge bestand aus nicht weniger als neun unterschiedlich großen und proportionierten Salons und Kabinetten.

Der größte Saal hatte nicht nur vier Nebenzimmer, sondern besaß eine umlaufende Säulenstellung; zwischen dieser und der eigentlichen Wand entstand so ein schmaler Umgang. Auf raffinierte Weise steigerten die Säulen also den täuschenden Effekt zwischen der realen und der gemalten illusionistischen Architektur. Der Eindruck großen Luxus' wurde schließlich durch die abwechslungsreichen Motive der Fußböden mit Mosaik oder geschnittenen Platten und die nicht mehr erhaltenen Decken abgerundet. Letztere waren stuckiert und überspannten in steilen Tonnengewölben die Speiseräume und Alkoven der Liegesofas (Klinen). Verschiedene Bildfelder in den Böden markierten die Zentren der um sie herum aufzustellenden Klinen. Eines davon zeigte Theseus und den Minotaurus inmitten eines stilisierten Labyrinths, das den modernen Namen des Hauses prägte.

Die neue Wohnqualität kommt hier aber nicht nur in der knapp skizzierten Ausstattung, der Orientierung der Räume nach Süden und ihrer weiten Öffnung über mehrflügelige Türen zum Ausdruck. Auffällig sind auch die zahlreichen kleinen Seitentüren, die nach Ausweis der erhaltenen Schwellen sämtlich zwei Flügel besessen haben. Sie dienten der Verbindung einzelner Zimmer zu kleinen Raumgruppen. Das Zentrum bildete stets ein Salon, von dem aus zu gegebener Zeit, etwa nach dem Mahl, das eine oder andere Kabinett aufgesucht werden konnte. Auch diese kleinen Zimmer waren, wie die lateinische Bezeichnung *cubiculum* bezeugt, mit Liegemöbeln bestückt. Anders als vielfach zu lesen, dienten sie keineswegs nur als Schlafzimmer. Im Liegen aß man auch, führte Gespräche, schrieb oder las.

Wie wichtig diese kleinen Kabinette gewesen sein müssen, geht aus ihrer festen Verbindung mit dem vornehmlich als Speiseraum genutzten *triclinium* hervor. Die langgestreckten Drei-Klinen-Gemächer, die bis zu neun Gästen Platz geboten haben, werden auch in bescheidenen Häusern des 1. Jh.s v. Chr. zumeist von einem kleinen Zimmer flankiert, das am ehesten als temporärer Rückzugsort für einen Teil der Gäste diente, während andere im Salon blieben oder in den Portiken umhergingen. Dabei muss man sich klarmachen, dass dasselbe *cubiculum* nachts und seit den Morgenstunden anderen Zwecken gedient haben konnte, ehe es ab der Mittagszeit eventuell für das Gastmahl (*convivium*) hergerichtet wurde. Beiläufige Äußerungen in der antiken Literatur ermöglichen uns zumindest partiell Einblicke in Gewohnheiten und Erwartungen der Zeitgenossen, aus denen wir entscheidende Hinweise für eine Deutung der Wohnarchitektur ziehen können. Vor allem die Häuser der Magistrate und ehemaligen Amtsinhaber, der Priester und anderer Persönlichkeiten waren in einem uns heute kaum vorstellbaren Maße öffentlich. Die eigene Privatsphäre war also nicht in erster Linie räumlich definiert, sondern wurde durch Zeiten exklusiver Geselligkeit unter engsten Freunden und im Kreis der Familie bestimmt. Galt die erste Tageshälfte den öffentlichen Geschäften, und dies auch innerhalb des Hauses, so zog man sich von den Mittagsstunden an in die hinteren Teile der *domus* zurück.

Weder für die Terrassenhäuser noch für solche von der Art des Labyrinthhauses lässt sich mit Sicherheit sagen, dass sie von Kolonisten bewohnt worden seien. Die gesteigerte Wohnqualität in diesen Anwesen ist ohne die Neusiedler jedoch kaum überzeugend zu erklären. Vorbilder für die notwendigen Umbauten hatten die Bewohner Pompejis außerhalb der Stadtmauer unmittelbar vor Augen. An den Ausläufern des Vesuv, vor den Toren der Stadt, entstanden gleichzeitig weitläufige Villenanlagen, die sich auf eigenen Unterbauten über das umgebende Land erhoben und die geschätzten Aussichten auf die Landschaft und das Meer boten. Indizien deuten auf eine Neuvermessung des Terrains hin, in deren Verlauf Kolonisten mit Land versorgt worden sind. Dabei scheinen hin und wieder ältere Gehöfte übernommen und renoviert worden zu sein.

Die nach dem großfigurigen Fries benannte und berühmte Mysterienvilla stammt wohl aus dem frühen 1. Jh. v. Chr. und dürfte erst mit der Ankunft der Veteranen von selbigen errichtet worden sein. Hinter einer dreiflügeligen und auf das Meer ausgerichteten Portikus lagen gleich mehrere Suiten mit Salons und Kabinetten, die über eigene Korridore aus dem Inneren der Villa zugänglich waren. Form und Größe differierten, und auch die Lage zur Sonne, zur Landschaft und dem Meer waren verschieden. Noch bezeichnender für den damaligen Wohngeschmack aber war die

Wanddekoration Zweiten Stils. Den prächtigsten Saal schmückten annähernd lebensgroße Figuren, im Maßstab verkleinerte Pendants das benachbarte *cubiculum*. Die übrigen Räume zeichneten sich durch jeweils andersartige Malereien aus. Von Nachahmungen fast geschlossener Wände mit eng begrenzten Durchblicken bis hin zu weit geöffneten Prospekten innerhalb opulenter Säulenarchitekturen boten sie ein überaus reiches Spektrum kunsthandwerklicher Raffinesse. Sah man hierin zunächst Anzeichen für eine Entwicklung des Stils zu immer größerer artistischer Kunstfertigkeit und rekonstruierte auf diese Weise auch eine interne Chronologie, so fragen Archäologen heute eher nach Sinn und Bedeutung dieser absichtsvollen Vielfalt. Dies umso mehr, als die einzelnen Suiten jeweils einer eigenen Manier zu folgen scheinen. Etwas zugespitzt ließe sich also von drei Spielarten des Zweiten Stils sprechen, die hier dazu eingesetzt worden sind, den Empfangsräumen zusätzlich zu den bereits genannten Merkmalen einen jeweils eigenen Charakter zu verleihen.

Die barocke Kraft und Wucht dieser Wände findet auch in den Raumformen und der Deckengestaltung einen Widerhall. Vor allem die *cubicula* mit zwei über Eck angeordneten Alkoven für dort aufzustellende Klinen müssen als bevorzugte Kabinette gelten. Neben einigen Beispielen in den Stadthäusern zählen diese Räume gerade in den Villen zu den mit am besten ausgestatteten Zimmern. Ihre Funktion als Vorführräume kommt auch in den eigens über den Alkoven eingezogenen baldachinartigen Tonnengewölben zum Ausdruck. Der Hinweis auf diese *cubicula* soll auch verdeutlichen, dass sich unsere Vorstellung von funktionsgebundenen Zimmern – neben dem Schlaf- auch ein Ess-, Arbeits- oder Kinderzimmer – nicht auf das römische Wohnhaus übertragen lässt. Gerade die Wohnräume ließ der Hausherr von seinen Sklaven kurzfristig für spezielle Zwecke möblieren und ausstatten und auf diese Weise den jeweiligen Bedingungen des Anlasses und seiner Teilnehmer anpassen. Diese Einzelheiten bis hin zur Auswahl und Lage des Zimmers innerhalb des Hauses drückten die Wertschätzung des Bewohners für seine Gäste aus.

In einer Vielzahl von *domus* lassen sich im Laufe des 1. Jh.s v. Chr. kleinere und größere Umbauten beobachten. Die Dynamik dieses Vorgangs, der schnell auch die Bewohner einfacher und kleinster Häuser erfasste, muss bis heute allerdings als weitgehend unerforscht gelten. Allein eine genaue bauhistorische Untersuchung der Raumgruppen aus *triclinium* und *cubiculum* würde vermutlich zeigen, dass diese Phase des Wohnungsbaus in Pompeji bei weitem vitaler war und verändernder wirkte als alle Ruinenaufkäufe und -reparaturen nach dem Erdbeben des Jahres 62 n. Chr.

Die neue Eleganz der Kaiserzeit – Augenschmaus und Villenglück

Es sind die kaiserzeitlichen Wohnhäuser mit ihren Dekorationen des Dritten und Vierten Stils, den Gärten und dem Marmorinventar, die unsere Vorstellung vom pompejanischen Wohnen bestimmen. Die Heterogenität der oftmals sehr verzweigten Grundrisse und Raumanordnungen, das Nebeneinander sehr kleiner Vorhallen und weitläufiger Gärten oder neuer leuchtender Fresken neben altmodischen Architekturimitationen verdeutlichen die Schwierigkeiten, unter denen die Besitzer die durchweg älteren Häuser der neuen Mode anzupassen versuchten. Während bis in die Gründungszeit der Kolonie innerhalb der Stadt noch neue Wohngebiete erschlossen wurden, zuletzt die Hanglagen oberhalb der Stadtmauer, nahm man im 1. Jh. n. Chr. ausschließlich Umbauten bestehender Bausubstanz vor. Keine einzige kaiserzeitliche *domus* stellt einen Neubau dar, der als Ganzes eine Vorstellung von den damaligen Erwartungen und Ansprüchen der Bevölkerung an das Stadthaus vermitteln könnte. Ein solches ‹Idealhaus› lässt sich nur gedanklich aus einzelnen Teilrekonstruktionen zusammenstellen, indem man die Neugestaltung der Vorhallen, der Peristyle und Wohnräume separat untersucht.

Bevor dies unternommen wird, ist allerdings auf die starke Kontinuität in der Nutzung des *atrium* als eines religiös-kultischen Eintrittsraumes in das Haus hinzuweisen. Auf der Schwelle zwischen Wohnhaus und öffentlichem Straßenraum befanden sich sehr häufig ein kleiner Kultschrein, eine Nische oder auch ein nur an die Wand gemalter, kleiner Tempel. Hier verehrte die Hausgemeinschaft die Laren als persönliche Schutzgötter, außerdem Hausgeister (Penaten) und schlangenförmige Genien sowie weitere Gottheiten, die Wohlergehen und materiellen Erfolg begünstigen sollten, wie etwa Merkur, Fortuna oder Iuppiter. Erhaltene Ensembles von zumeist bronzenen Götterstatuetten unterstreichen die bei den Bewohnern verbreitete Überzeugung, wonach mehr Gottheiten auch besseren Schutz boten. Darüber hinaus scheinen diese Schreine Orte der Ahnenverehrung gewesen zu sein. Es überrascht daher nicht, wenn diese Ädikulen öfter und unabhängig von der übrigen Ausstattung des Hauses aufwendig renoviert und mit marmorimitierenden Fresken versehen worden sind. Jenseits dieser religiösen Privatsphäre aber zeichnen sich seit der frühen Kaiserzeit markante Veränderungen in den Vorhallen ab.

In einer ganzen Reihe kleinerer und größerer Häuser sind Erneuerungen zu beobachten, die erkennbar eine Aufwertung des *atrium* zum Ziel hatten. Bezeichnend ist dabei, dass sich diese Renovierung nicht gleichmäßig auf Wände, Böden und Mobiliar erstreckte, sondern den Bereich des *impluvium* als Blickfang für den Eintretenden inszenierte. Die bis dahin mehrere Generationen alten und abgenutzten Einfassungen der Regenwasserbecken wurden durch aufwendig und scharf geschnittene Profile aus Marmor oder Travertin ersetzt und die Böden mit großen Platten gepflastert. Der so erzielte Effekt wurde noch gesteigert, wenn Regen auf die spiegelnden Marmorflächen fiel. Wie sehr diese Wirkung geschätzt wurde, zeigt auch die Installation von Wasserspeiern. Ob ungeschickte Satyrfiguren, deren Weinschlauch sich entleerte, oder von Kindern drangsalierte Haustiere, aus deren Schnäbeln sich das Nass ergoss, die gewählten Sujets der Speier wiesen in eine Welt sorgloser Fülle und voyeuristischen Genusses. Die Figuren wurden, dem Eingang gegenüber, an der Rückseite des Beckens auf einem Podest montiert, von wo aus sie bei geöffnetem Ventil, und also steuerbar, ihre Fontäne in hohem Bogen in ein vor dem Sockel stehendes Becken (*labrum*) ergossen. Zum visuellen Genuss kam das entspannende Geplätscher des Wassers hinzu.

Als Alternative oder auch ergänzend dazu stellte man einen großen Marmortisch hinter das Wasserspiel. Diese zuweilen auf kostbar reliefierten Stützen ruhenden Möbel wurden als so bedeutender Teil der Einrichtung betrachtet, dass man sich in einfachen Häusern mit gemauerten und anschließend stuckierten Tischen behalf, um ebenfalls ein solches Möbelstück vorweisen zu können. Worin ihre Funktion bestand, ist nicht ganz klar. In spätrepublikanischer Tradition stehend, könnten sie dazu gedient haben, den eintretenden Gästen das kostbare Tafelgeschirr für das anschließende *convivium* zu präsentieren. Lassen sich diese Schautische als Prunkmöbel einerseits in der Tradition der großen bronzebeschlagenen Truhen verstehen, so unterstreicht ihre Einbindung in das kaiserzeitliche Ensemble aus Wasserspeier und Becken andererseits die neue Rolle des *atrium* als einer kleinen gartenähnlichen Vorhalle. Dies wird auch dort deutlich, wo man um das *impluvium* herum ein Pflanzbeet aufmauerte und mit Zierpflanzen bestückte, wie etwa im Haus des Octavius Quartius (Abb. 8) in der Nähe des Amphitheaters. Vielleicht konnte man sich hier eine Blüte oder ein duftendes Blatt abzupfen und dadurch den visuellen und akustischen Genuss noch steigern, ehe sich nach wenigen Schritten ein weitläufiger Kunstgarten öffnete.

Wie wichtig die Umwandlung des ehemals strengen *atrium* in eine angenehme Empfangshalle gewesen ist, macht das Ausmaß der Umbauten verständlich. Die Verlegung der Druckwasserleitungen war am aufwendigsten. Sie erforderte nicht nur die Abzweigung einer eigenen Leitung vom öffentlichen Netz, für die die Zustimmung des städtischen Ädilen vorliegen musste, sondern auch die Öffnung sämtlicher Fußböden einschließlich des Bürgersteigs vor dem Haus.

Die Neuausstattung der Wohnräume, insbesondere der Speisesäle (*cenatio*) erfolgte auf zweierlei Art. Dort, wo sich Umbauten fassen lassen, ist eine Vergrößerung der alten *triclinia* zu beobachten. Statt der langgestreckten Form wählte man nun eher quadratisch geschnittene Räume, deren Grundfläche die Maße der alten Speiseräume nicht selten verdoppelte. Die Zahl von üblicherweise neun Gelagerten beim *convivium* innerhalb desselben Raumes wurde spätestens jetzt aufgegeben. Wenn möglich wurden die Säle so am Peristyl platziert, dass sie den bestmöglichen Ausblick in den Gartenbereich gewährten. Dazu ließen manche Bauherren sogar eine Säule der Portikus entfernen oder die entsprechenden Säulen auseinanderrücken.

Im Inneren setzte mit dem Dritten pompejanischen Stil eine starke Symmetrisierung der Wanddekoration ein (Abb. 18). In Abkehr von den bedrängenden Wänden des Zweiten Stils mit ihren barocken Architekturen suchte man nun nach einer Beruhigung durch große einfarbig gefasste Flächen, die nurmehr von einem äußerst zarten und miniaturisierten Ständerwerk gegliedert wurden. Die stets dreigeteilten Wände trugen in ihrem mittleren Abschnitt ein Bild, das neben sakralidyllischen Landschaften mit Heiligtumsszenen immer häufiger auch mythologische Szenen zeigte. Beliebt waren dionysische Themen und natürlich amouröse Begegnungen diverser Gestalten aus der Mythologie. Mit Hilfe dieses Mittelbildes wurde nicht nur die einzelne Wand zentriert, sondern auch der Raum insgesamt. Der heutige Besucher solcher *cenationes* fühlt sich nicht um-

Abb. 18: Pompeji, Haus des Marcus Lucretius Fronto (V 4, a), Atrium mit Marmortisch und anschließendem Tablinum, Dekoration im Dritten Stil (um 40 n. Chr.)

sonst an museal inszenierte Säle erinnert. Der hier zu beobachtende starke Ordnungsgedanke, der schon die Renovierung der Vorhallen geprägt hatte, weist auf die Absicht der Bewohner hin, die Wirkung der Räume und Prospekte auf den Benutzer zu steigern. Selbst bei der Gestaltung der Fußböden, die weniger leicht auszutauschen waren als die Wandfresken, ist dieses Bemühen festzustellen. Mehrfach sind ältere Pavimente erhalten, zumeist estrichähnliche Beläge aus kleingemahlener Lava oder Terrakotta, in die nachträglich Bruchstücke und Steinabschläge aus Marmor und verschiedenem Buntstein eingelegt wurden. Erst mit Hilfe dieser Verschönerung erhielten die zuvor kaum gegliederten Böden ein Zentrum, um das herum man die Fragmente in regelmäßigem Muster anordnete.

Dem unmittelbaren Erkennen einer symmetrisierten und mit einem zentralen Bild versehenen Wand- oder Bodenfläche oder dem in der Eingangsachse des Hauses angeordneten Gartenensemble im *atrium* konnte sich kein menschliches Auge entziehen. Dass die Symmetrien nicht nur als ordnende Eingriffe, sondern vor allem als Verschönerungen bewertet wurden, kommt in der Umgestaltung der Gärten in besonderer Weise zum Ausdruck (Abb. 19). Hinweise auf die Bepflanzung stammen zwar auch hier ausschließlich aus den letzten Jahren der Stadt, verschiedene Einbauten aber lassen ergänzend dazu andere Nutzungsformen erkennen. So ist die Eintiefung von Ziegeln in den Boden zur Begrenzung geometrisch geformter Pflanzbeete in einer Reihe von größeren Häusern schon im 19. Jh. beobachtet worden. Jüngere Untersuchungen mineralisierter Samenkörner sowie des Wurzelwerks durch das Ausgießen der Hohlräume mit Gips lassen außerdem den Schluss zu, dass hier niedrig wachsende Blumen und Sträucher sowie rabattenartig beschnittene Hecken gezogen wurden. Größere Wurzelhöhlen haben sich dagegen nur vereinzelt, vor allem an den Rändern der Innenhöfe und vor den Säulen beobachten lassen. Auch wenn Ausnahmen, etwa die Anpflanzung von Obstbäumen und Spalieren in Peristylen, bekannt und bis heute nur wenige Gärten genau untersucht worden sind, weisen diese Merkmale doch auf das Bestreben hin, Schaugärten anzulegen.

Abb. 19: Pompeji, Haus der Vergoldeten Amoretten (VI 16, 7.38). Garten mit Zugang vom großen Speisesaal (archäologische Rekonstruktion um 1900)

Für eine solche Erklärung sprechen auch die schmalen Pfade zwischen den Rabatten, die für eine Benutzung als Spazierwege viel zu eng waren, ganz zu schweigen von der Möglichkeit, sie eventuell auch zu zweit zu begehen. Eines der schönsten Beispiele neben dem schon erwähnten Kunstgarten im Haus des Octavius Quartius ist jener zu Beginn des 20. Jh.s rekonstruierte Garten im Haus der Vergoldeten Amoretten (Abb. 8, 19). Vor diesem Hintergrund werden auch die diversen Skulpturen verständlich, bei denen es sich in aller Regel um kleinformatige Figuren handelte. Die deutlich unterlebensgroßen Statuetten und Hermen entrückten das Gartenensemble in eine andere Welt und gestatteten dem Betrachter einen distanziert genussvollen Blick. Dies umso mehr, als es sich vor allem um dionysische Figuren handelte, Satyrn, Panisken und Mänaden, Reliefs mit Theatermasken und allerlei Getier, die die Betrachter gedanklich in ländliche Heiligtümer entführten. In dem berühmten Haus der Vettier (Abb. 8), zweier Brüder, die als ehemalige Sklaven freigelassen worden und zu Wohlstand gekommen waren, finden sich zahlreiche Becken mit seitlich angeordneten Marmorstatuetten als Brunnenfiguren. Hier sind es Kinder, die im ungelenken Spiel das Hausgeflügel bedrängen, sodass es Fontänen in die Becken entlässt.

Die Fülle dieses auf vergleichsweise engem Raum zusammengedrängten Inventars kennzeichnet auch die Wanddekoration des Vierten pompejanischen Stils. Im Wortsinn phantastische Architekturen, deren Gebrechlichkeit an Zirkustrapeze erinnert und die von allerlei mythologischem Personal bevölkert werden, trennen die zumeist drei Wandfelder. Die mittleren Segmente präsentieren oftmals amouröse Szenen des Mythos, deren Protagonisten sich mit glänzend-nackten Körpern einander nähern. Nicht selten tragen diese Figuren aktuelle, die zeitgenössische Mode aufgreifende Frisuren und unterstreichen damit das Vergnügen der antiken Betrachter, sich quasi selbst in den gezeigten Szenen wiederzufinden.

Die Lust daran, den Blick schweifen zu lassen, während man sich selbst kaum bewegte, wird schließlich in einer Maßnahme greifbar, die bisher wenig Beachtung gefunden hat. Ein Vergleich mit Peristylen, in denen die älteren Dekorationen des 2. und 1. Jh.s v. Chr. bewahrt wurden, erweist die vielfach zwischen die Säulen eingehängten Schranken oder die halbhohen Mäuerchen als nachträgliche kaiserzeitliche Einbauten. Auch wenn kleine Pforten das Betreten des Inneren möglich machten – allein für die Pflege des Gartens war dies erforderlich –, so markierten die Schranken den Garten doch als Schaugarten, dessen Nutzung sich in erster Linie im betrachtenden Genießen des Arrangements erfüllte. Genau dieser Effekt wurde im bescheidenen Haus des Marcus Lucretius (Abb. 8) noch gesteigert, indem man das kleine Gärtchen bühnenartig erhöhte und für die in das Haus eintretenden Besucher durch ein Fenster beinahe auf Augenhöhe präsentierte. Als gestaltete Ausblicke unterschieden sich die kaiserzeitlichen Gärten erheblich von jenen republikanischer Zeit, in denen schattenspendende Bäume zu längerem Aufenthalt und einem lauschigen Spaziergang eingeladen hatten.

Die Peristylhöfe der letzten Zeit Pompejis waren keine gewöhnlichen Orte ziellosen Wandelns und ungerichteter Bewegung mehr. Zwar lässt sich eine solche Feststellung nicht verallgemeinern und auf Verhaltensweisen in allen Bereichen des Hauses übertragen; die rhythmische Inszenierung wiederholter und symmetrisch geordneter Ausblicke weist aber auf die Wertschätzung hin, die man dem entspannt schweifenden Blick beim Verweilen an diesen Punkten beimaß. Der Weg des Besuchers beim Durchschreiten des Hauses wurde auf diese Weise immer wieder durch Ruhe- und Aussichtspunkte gerahmt, die das Erreichen der *cenatio* als einen feierlichen Akt inszenierten.

Es ist nicht leicht, eine schlüssige Erklärung für diesen Wandel im Wohngeschmack zu geben. Die politischen Veränderungen seit dem Ende des Bürgerkrieges 31 v. Chr., der Prinzipat und die starke Stellung des Kaisers, legen es nahe, den Grund dafür in einer gewandelten Öffentlichkeit der städtischen *domus* zu sehen. Die direkte und in aller Öffentlichkeit ausgetragene Konkurrenz der Familien um Einfluss und Ämter verlagerte sich nun in das Umfeld des Kaisers. Die damit verbundene Entkoppelung von Wohlstand und politisch-sozialer Verantwortung und die entscheidend gestärkte Funktion der Patronage machte es damit einem wachsenden Personenkreis möglich, einen Lebensstil zu pflegen, der vorher als anmaßend und unerträglich gebrandmarkt worden wäre. In Rom waren die Auswirkungen dieses gesellschaftlichen Wandels ungleich durchschlagender als in der Kleinstadt Pompeji, doch bezeugt die Zahl ungewöhnlich schneller politischer Karrieren mit einer vormals undenkbaren Ämterfolge auch hier klar die gewandelten Einflussmöglichkeiten. Die gestiegene Bedeutung der Patronage wirkte sich dabei auch auf die Kreise aus, die sich zum *convivium* zusammenfanden: In den Häusern wurden nun in erhöhtem Maße politische Freundschaften (*amicitia*) ausgehandelt. Dem sollte jetzt ein auf die Annehmlichkeiten des Wohnens gerichtetes Interieur dienen. Statt der kühl repräsentativen Vorführung von Herkunft und Wohlstand der eigenen Familie ging es um eine sinnlichere Form des Empfangs, die den villenähnlichen Luxus in den Vordergrund stellte.

Die Totenstadt – Ein Inventar der städtischen Elite

Ob man die antike Stadt verließ oder sich ihr von einer der größeren Nachbarstädte aus näherte, stets gelangte man durch die sich vor den Toren dicht an die Straßen drängenden Grabbauten. Schon die Lage der Gräber und ihre Nähe zu den Stadttoren gab Auskunft über ihre Bedeutung und Wertschätzung. Je dichter der einzelne Grabbezirk an der Stadt lag, desto größer das Prestige der dort Bestatteten. Dies geht aus Entscheidungen des Stadtrates (*ordo decurionum*) hervor, der sich die Vergabe einzelner Bezirke in einem Streifen von etwa 30 Metern Breite (100 römische Fuß) vor den Toren vorbehielt. Hier erhielten verdiente Bürger und Bürgerinnen auf Antrag des *ordo* einen Begräbnisplatz. Ein Edikt des Kaisers Vespasian, das uns in mittlerweile vier Steininschriften aus dem Bereich der Stadttore überliefert ist, ermächtigte den Tribunen Titus Suedius Clemens, von Privatpersonen widerrechtlich in Besitz genommene Parzellen auf diesem Streifen zu restituieren.

Der eindrücklichste archäologische Befund, der die Bedeutung der öffentlich zugewiesenen Grabstätten und die Intensität der Konkurrenz heute noch veranschaulicht, begegnet dem Besucher vor dem Herculaner Tor. Hier wird nicht nur spürbar, wie dicht die Grabbauten aneinandergerückt waren, sondern auch der Wunsch erkennbar, das Grab im Sinne öffentlicher Repräsentation zu nutzen und – mit Hilfe eigenwilliger Grabformen – die Aufmerksamkeit der Vorbeiziehenden darauf zu lenken. Wie überall in Pompeji vereinigt der Befund ältere und jüngere Anlagen. Um neue Grabbauten zu errichten, hatte man stets ältere aufgeben müssen, sodass uns von diesen früheren heute nur wenige überliefert sind. Vor diesem Hintergrund ist der Fund eines großen kubischen Grabbaus in der Form eines Altares bedeutsam, dessen Rest sich gleich nordwestlich vor dem Herculaner Tor erhalten hat (Abb. 8). Das Grab gehörte jenem Marcus Porcius, den wir schon als Koloniegründer und Stifter des *theatrum tectum* sowie des Amphitheaters kennengelernt haben. Obwohl keinerlei Nachfahren des Mannes bekannt sind, hat man das Grab über mehr als hundert Jahre gepflegt und bewahrt, ein sicheres Zeichen dafür, dass die Öffentlichkeit hier eines verehrten Stadtgründers gedachte.

Auf beiden Seiten des Grabes waren zu Beginn der Kaiserzeit zwei völlig andere Bauten entstanden, einer für einen Aulus Veius, der andere für die stadtbekannte Venus-Priesterin Mammia. In beiden Fällen wählte man eine halbrunde Sitzbank (*schola*) als Monument, die die Vorbeigehenden dazu einlud, für einen Augenblick zu verweilen und der Toten zu gedenken, deren Asche im Boden unter den *scholae* bestattet war. Dass der Ort mit seiner herrlichen Aussicht über den Golf bis nach Capri auf diese Weise auch dem Tagesgespräch diente und vielfach aufgesucht worden sein muss, passt zur Funktion der Gräber: als Denkmale hätte man sie kaum besser platzieren können.

Statt weiter entfernt von den Toren, dafür aber direkt am Straßenrand zu stehen, rückten einzelne Bauten auch in die zweite Reihe. Gleich hinter den soeben beschriebenen Gräbern ragte der wuchtige zweistöckige Turm der Istacidier in die Luft. In augusteischer Zeit entstanden, bewahrte er die architektonisch anspruchsvollen Bauformen der republikanischen Zeit. Über einem mächtigen Kubus, der die Urnen der Verstorbenen enthielt, erhob sich ein leichterer, von Säulen getragener Rundtempel (*tholos*), der einst die Statuen der Grabinhaber präsentierte.

Ein ähnlich imposanter Bau ist vor dem Noceraner Tor erhalten und von den Eumachiern errichtet worden. Auf eigenem Boden und südlich der Ringstraße erbaut, kam es hier nicht so sehr auf die Höhe als vielmehr auf die Breite des Grabgebäudes an. Die bühnenartig über den Bürgersteig in die Straße vorspringende Fassade hob das Mausoleum, das vielen anderen Angehörigen und Nachfahren gleichfalls als Begräbnisstätte gedient hat, schon aus größerer Entfernung aus der Nachbarbebauung heraus. In der Tiefe des Bezirkes lag eine monumentale *schola*, in deren Scheitel einst die Statue der Priesterin stand.

Während die unmittelbar benachbarten Grabtürme in ihren säulengestützten Ädikulen weitere Statuen der Angehörigen führender Familien des 1. Jh.s v. Chr. zeigten, hat sich auf Höhe der Straße nach Nocera ein Grab erhalten, das eine einfachere und typisch lokale Form der Bildnisrepräsentation vorführt. Die von einem zentralen Rundbogentor bestimmte Fassade weist in den beiden erhaltenen Geschossen zwei Reihen von Nischen auf, in die einst namentlich bezeichnete Bildnisbüsten eingelassen waren. Einige dieser Büsten zeigen jedoch nur eine flache und glatt polierte Gesichtsscheibe ohne erkennbare Zeichnung individueller Merkmale. Dass damit dennoch porträtartige Bildnisse gemeint waren, bestätigt in einigen Fällen die Rückseite, die kopfförmig gerundet war und einen weiblichen Nackenzopf aufweist. Vor dem Hintergrund dieser leicht anzufertigenden und zahlreich überlieferten ‹Bildnisse› wird verständlich, warum sich die Angehörigen der führenden Familien bald durch lebensgroße Statuen von dieser Tradition abzusetzen begannen.

In nachaugusteischer Zeit scheint diese Vielfalt als Ausdruck einer äußerst vitalen Konkurrenz um Ansehen und Einfluss in der Stadt bald nachgelassen zu haben. Jedenfalls zeichnen sich die späteren Grabbauten durch eine auffällige Gleichförmigkeit aus. Zur Straße hin begrenzen Mauern mit Ecktürmchen die Bezirke, die nunmehr über kleine Türen und ausschließlich von den Angehörigen zu bestimmten Anlässen betreten werden sollten. Im Inneren nahm ein Sockelbau die Urnen auf (*columbarium*), während der Grabaltar, der in republikanischer Zeit noch monumentales Einzelgrab gewesen war, zur herausgehobenen Bekrönung des Grabes wurde. Als Inschriftenträger bezeichnete er einerseits den Inhaber des Grabes, rühmte dessen Verdienste und hob die hoch im Kurs stehende Frömmigkeit (*pietas*) hervor; andererseits unterstreichen die Position auf dem Grab, seine Verkleidung mit Marmor und die Anbringung von figürlichen Reliefs seine stärker dekorative Funktion. Wirtschaftlicher Erfolg und materieller Wohlstand ließen sich diesen Grabbauten unmittelbar und viel konkreter ablesen. Diese Veränderung lässt sich gut mit der Beobachtung verbinden, wonach diese Bauten nun vielfach auch von Freigelassenen und keineswegs mehr nur von der Honoratiorenschicht errichtet wurden. Unabhängig von der Frage, ob man hierin ein Merkmal eines typischen Neureichengeschmacks fasst, weisen auch die Veränderungen in der Anlage und Gestaltung der Gräber darauf hin, dass die Chancen, wirtschaftliche Erfolge in soziales Ansehen umzumünzen, mit Beginn der Kaiserzeit keineswegs geringer geworden waren.

Die moderne Ruine – Pompeji heute

Folgt der Besucher dem vor wenigen Jahren wiedereröffneten Weg entlang der Stadtmauern, vom Herculaner Tor über das Vesuv-Tor, am Amphitheater vorbei bis zum Noceraner Tor, dann werden nicht nur Größe und Ausdehnung der antiken Stadt erkennbar, sondern auch der Grad der Zerstörung dieser einzigartigen Ruine. Witterungseinflüsse und unzureichender Schutz haben die meisten Gebäude über Jahrzehnte, wenn nicht Jahrhunderte hin baufällig werden lassen. Die Touristen aber müssen von den Zerstörungen aus Sicherheitsgründen ferngehalten werden. So bleiben sie verschont vom traurigen Anblick der in sich zusammenfallenden Mauern, der gealterten, einstürzenden Schutzdächer und der durch Feuchtigkeit und Wurzelwerk zerstörten Fresken und Mosaiken. Schätzungen der Mittel, die allein für die Konservierung des freigelegten Areals notwendig wären, gingen vor wenigen Jahren von etwa 250 Millionen Euro aus. Derzeit finanziert die EU ein gigantisches Konservierungs- und Restaurierungsprojekt, das den Mangel an verfügbarem Personal mit spezifischen fachlichen und handwerklichen Kenntnissen und Erfahrungen offenbart. Denn das viele Geld allein wird die Ruine nicht retten, wenn zukünftig nicht auch für die permanente Anwesenheit von Restauratoren und geschulten Kustoden gesorgt wird. Ein Unternehmen, das sich die Bewahrung dieses Kulturerbes zum Ziel setzt, kann nur als gemeinsame internationale Anstrengung gelingen. Jeder Versuch also, für den heutigen Zustand Pompejis (und Herculaneums) den italienischen Staat allein verantwortlich zu machen, verkennt die Verantwortung aller sich in die abendländische Tradition stellenden Nationen für die Erhaltung der Vesuvstädte.

Wenn vor diesem Hintergrund auch im deutschen Feuilleton für die Fortsetzung von Ausgrabungen votiert wird, zudem in Herculaneum, wo der nötige Aufwand in bemerkenswert schlechtem Verhältnis zum Erkenntnisgewinn steht, sei an dieser Stelle widersprochen. Die Dramatik der Situation in Pompeji darf weder geleugnet noch beschönigt werden, nur weil jüngste Funde aus der Papyrusvilla in einer erfolgreichen Ausstellung in Deutschland präsentiert werden konnten. Vielmehr sollten die Zuspitzung der Argumente, die den komplexen Sachverhalt stark vereinfachen, und die theatralischen Appelle, die jüngsten Erfolge der stets umstrittenen Ausgrabung jetzt nicht zu gefährden, uns Anlass genug sein, sorgfältiger hinzusehen und kritischer nachzufragen. Im Wissen um die Prestigeträchtigkeit von Ausgrabungen und das öffentliche Interesse an Sensationen verfolgen auch Archäologen durchaus ihre eigenen Agenden. So dürften die neu ausgegrabenen Bereiche der Papyrusvilla in Herculaneum auf Jahre unzugänglich bleiben, da sie durch ständig laufende Wasserpumpen vor erneuter Überflutung bewahrt werden müssen. Um solche Fehlentwicklungen künftig verhindern zu können, bedarf es einer uneingeschränkten Zuständigkeit und Verantwortung der archäologischen Denkmalpflegebehörde (Soprintendenza Archeologica di Pompei), deren Entscheidungen von Politik und Wirtschaft zu respektieren sind.

In Zukunft wird also nicht nur sehr viel Geld nötig sein, um die heutige Ruine halbwegs bewahren zu können, sondern es wird auch einige Jahrzehnte dauern, bis von einer vorläufigen Konservierung gesprochen werden kann. Bei allen Erwartungen und hohen Ansprüchen der Öffentlichkeit ist vor allem eines erforderlich: mehr Verständnis und Verantwortungsbewusstsein seitens der Touristikbranche, der Medien und jedes einzelnen Besuchers. Wer sich für diese antike Stadtruine begeistern kann, der darf nicht zusehen, wenn sie durch fahrlässiges Verhalten und fehlende Umsicht zerstört wird.

Bibliographie

In Ergänzung zu F. Coarelli (Hrsg.), Pompeji (München 2002), bieten H. Meller – J.-A. Dickmann (Hrsg.), Pompeji, Nola, Herculaneum. Katastrophen am Vesuv (München 2011), und P. Roberts (Hrsg.), Life and Death in Pompeii and Herculaneum (London 2013), eine gute Einführung in aktuelle Forschungen zur Archäologie der Vesuvstadt.

Die anschließende Bibliographie orientiert sich an der deutschsprachigen Leserschaft und verzeichnet auch einschlägige ältere Titel. Zu allen Bereichen liegt heute umfangreiche Spezialliteratur in diversen Sprachen vor, die in den Universitätsbibliotheken, in den Instituten für Klassische Archäologie der Universitäten sowie teilweise im Internet zur Verfügung steht.

J. Berry, The Complete Pompei (London 2007)

F. Coarelli (Hrsg.), Pompeji. Ein archäologischer Führer (Bergisch Gladbach ²1990)

A. und M. Cooley, Pompeii. A Sourcebook (London – New York 2004)

J. Dobbins – P. Foss (Hrsg.), The World of Pompeii (London – New York 2007)

S. Ellis (Hrsg.), The Making of Pompeii. Studies in the History and Urban Development of an Ancient Town (Portsmouth, Rhode Island 2011)

R. Laurence, Roman Pompeii. Space and Society (London – New York ²2007)

A. Mau, Pompeji in Leben und Kunst (Leipzig ²1908)

J. Overbeck – A. Mau, Pompeji in seinen Gebäuden, Alterthümern und Kunstwerken (Leipzig ⁴1884)

P. Zanker, Pompeji. Stadtbild und Wohngeschmack (Mainz 1995)

Politik, Religion und Alltag

L. Friedländer, Darstellungen aus der Sittengeschichte Roms in der Zeit von Augustus bis zum Ausgang der Antonine (Leipzig ⁹1918)

R. Harris, Pompeji (München 2003)

A. Hüttemann, Pompejanische Inschriften (Stuttgart 2010)

V. Kockel, Altes und Neues vom Forum und vom Gebäude der Eumachia in Pompeji, in: R. Neudecker – P. Zanker (Hrsg.), Lebenswelten. Bilder und Räume in der römischen Stadt der Kaiserzeit (Wiesbaden 2005) 51–72

H. Mouritsen, Elections, Magistrates and Municipal Elite. Studies in Pompeian Epigraphy (Rom 1988)

W. Van Andringa, Quotidien des dieux et des hommes: la vie religieuse dans les cités du Vésuve à l'époque romaine (Rom 2009)

Häuser und Wohnungen

H.-U. Cain – F. Pirson, Pompeji wiederbelebt! Entdeckung, Nachleben und Rekonstruktion eines antiken Wohnhauses (Leipzig 2001)
J.-A. Dickmann, *domus frequentata*. Anspruchsvolles Wohnen im pompejanischen Stadthaus, 2 Bde. (München 1999)
ders., Der Fall Pompeji: Wohnen in einer Kleinstadt, in: W. Hoepfner (Hrsg.), Geschichte des Wohnens I (Ludwigsburg 1999) 609–678
ders., Crucial Contexts. A Closer Reading of the Household of the Casa del Menandro at Pompeii, in: M. Müller (Hrsg.), Household Studies in Complex Societies (University of Chicago, Oriental Institute Seminars 10, 2015) 211–228
J. Gardner – T. Wiedemann, The Roman Household. A Sourcebook (London 1991)
W. Jashemski, The Gardens of Pompeii, 2 Bde. (New Rochelle 1979, 1993)
F. Pirson, Mietwohnungen in Pompeji und Herkulaneum. Untersuchungen zur Architektur, zum Wohnen und zur Sozial- und Wirtschaftsgeschichte der Vesuvstädte (München 1999)
V. M. Strocka (Hrsg.), Häuser in Pompeji, 12 Bde. (München 1984–2005)
A. Wallace-Hadrill, Houses and Society in Pompeii and Herculaneum (Princeton 1994)

Wandmalerei und Mosaik

T. Fröhlich, Lararien- und Fassadenbilder in den Vesuvstädten. Untersuchungen zur ‹volkstümlichen› pompejanischen Malerei (Mainz 1991)
J. Hodske, Mythologische Bildthemen in den Häusern Pompejis (Ruhpolding 2007)
A. Mau, Geschichte der decorativen Wandmalerei in Pompeji (Berlin 1882)
D. Mazzoleni – U. Pappalardo, Pompejanische Wandmalerei (München 2005)
R. Tybout, Roman Wall-Painting and Social Significance, Journal of Roman Archaeology 14, 2001, 33–56
F. Zevi, Die Casa del Fauno in Pompeji und das Alexandermosaik, Römische Mitteilungen 105, 1998, 21–65

Wirtschaft und Produktion

V. Gassner, Die Kaufläden in Pompeji (Wien 1986)
W. Jongman, The Economy and Society of Pompeii (Amsterdam 1988)
N. Monteix, Les lieux de métier. Boutiques et ateliers d'Herculanum (Rom 2011)
C. Ohlig, De Aquis Pompeiorum. Das Castellum Aquae in Pompeji. Herkunft, Zuleitung und Verteilung des Wassers (Nimwegen 2002)
E. Poehler – M. Flohr – K. Cole (Hrsg.), Pompeii. Art, Industry and Infrastructure (Oxford – Oakville 2011)

Nekropolen

V. Kockel, Die Grabbauten vor dem Herkulaner Tor in Pompeji (Mainz 1983)
V. Campbell, The Tombs of Pompeii. Organization, Space, and Society (New York – London 2015)

Pompejis Umland

C. Neumeister, Der Golf von Neapel in der Antike. Ein literarischer Reiseführer (München 2005)
A. Oettel, Fundkontexte römischer Vesuvvillen im Gebiet von Pompeji (Mainz 1996)
D. Richter, Der Vesuv. Geschichte eines Berges (Berlin 2007)

Pompejis Nachleben und Entdeckung

T. Fitzon, Reisen in das befremdliche Pompeji. Antiklassizistische Antikenwahrnehmung deutscher Italienreisender 1750–1850 (Berlin – New York 2004)
W. Leppmann, Pompeji. Eine Stadt in Literatur und Leben (München 1966)
E. Moormann, Pompeii's Ashes. The Literary Reception of the Cities Buried by Vesuvius in Literature, Music, and Drama (Berlin – Boston 2015)
C. Zintzen, Von Pompeji nach Troja. Archäologie, Literatur und Öffentlichkeit im 19. Jahrhundert (Wien 1998)

Abbildungsnachweis

Vorsatz: nach L. Richardson jr., Pompeii. An Architectural History (1988), Vorsatz; ***Abb. 1, 11 oben:*** akg-images, Berlin; ***Abb. 2:*** akg-images/Werner Forman, Berlin; ***Abb. 3:*** nach W. Ehrhardt, Die Casa di Paquius Proculus (I 7, 1.20) (Häuser in Pompeji 9, 1998) Abb. 92; ***Abb. 4, 5, 10, 14, 18:*** Fotografica Foglia, Neapel; ***Abb. 6:*** nach J. Bergemann, Römische Reiterstatuen. Ehrendenkmäler im öffentlichen Bereich (Mainz 1990), Beil. 1; ***Abb. 7:*** nach F. Coarelli, Il Foro Triangolare: decorazione e funzione, in: P. G. Guzzo (Hrsg.), Pompei. Scienza e Società (Akten des Convegno Internazionale Neapel 1998, 2001), S. 97, Abb. 1; ***Abb. 8:*** nach L. Richardson jr., Pompeii. An Architectural History (1988) Vorsatz; ***Abb. 9:*** nach H. B. Van der Poel, Corpus Topographicum Pompeianum III (Rom 1984), Taf. II; ***Abb. 11 unten:*** aus J. Overbeck/A. Mau, Pompeji in seinen Gebäuden, Alterthümern und Kunstwerken (Leipzig, 4. Aufl. 1884), Taf. vor S. 151; ***Abb. 12:*** aus

P. Zanker, Stadtbild und Wohngeschmack (Mainz 1995), S. 121, Abb. 58, ***Abb. 13:*** akg-images/Erich Lessing, Berlin; ***Abb. 15 oben:*** nach G. Fiorelli/C. Sorgente, Tabula Coloniae Veneriae Corneliae Pompeis (1858); ***Abb. 15 unten:*** aus F. Pirson, Mietwohnungen in Pompeji und Herkulaneum. Untersuchungen zur Architektur, zum Wohnen und zur Sozial- und Wirtschaftsgeschichte der Vesuvstädte (München 1999), Abb. 9; ***Abb. 16:*** nach J.-A. Dickmann, *Domus frequentata.* Anspruchsvolles Wohnen im pompejanischen Stadthaus (München 1999), Taf. 3b; ***Abb. 17:*** aus ders., Domus frequentata, S. 165, Abb. 41; ***Abb. 19:*** Soprintendenza Archeologica di Pompeii.

Es ist dem Verlag C.H.Beck nicht in allen Fällen gelungen, die Inhaber der Bildrechte ausfindig zu machen; der Verlag ist jedoch selbstverständlich bereit, berechtigte Ansprüche abzugelten.

Index

Kursive Seitenzahlen verweisen auf Abbildungen.